M000198970

Por Miguel Martin

2009, 2014

El *Noviazgo* Cristiano

All rights reserved © 2014 Miguel Martin
13722 Vida Ln.
Dallas Texas, 75253

Reservados todos los derechos. Prohibida toda reproducción total o parcial en cualquier forma escrita o electrónica sin la debida autorización de los editores.

ISBN-13: 978-0692361870
ISBN-10: 0692361871

SERVICIOS, comentarios, información sobre el autor o preguntas puede hacerlo en www.miguelmartin.info y www.laverdadprofetica.com

Dedicado:

A mí comprometida Margarita Anguiano, y a todo muchacho y señorita que todavía está buscando esa persona especial con la aprobación de Dios para ser verdaderamente feliz.

Agradecimientos:

A Dios por ayudarme a aceptar su "voluntad" en el área del noviazgo. También por la bendición de poder escribir e inspirar a otros jóvenes a vivir una vida de noviazgo con sentido. A mis padres Tomas Miguel y Marta Martin por sus sabios consejos, oraciones por mi vida para encontrar esa mujer aprobada por Dios. Como no mencionar a María de la Cruz, Arelis y Roberto Candelaria, Irma Hernandez, Norman Archer, Gloria y Pablo DeCaires por sus oportunos consejos. A Hector Acardi, Monica Molina, Hortensia Morales, Ever Itzep quienes con gusto dieron su tiempo para correcciones y sugerencias. A todos aquellos matrimonios y jóvenes que por privacidad no damos sus nombres pero sin embargo colaboraron con sus historias con la intención de que otros no cometan los mismos errores. Adrian Rusu por la portada.

+

Índice

Introducción

Vivió la vida que muchos viven hoy, novia aquí y otra al terminar. Su corazón fue quebrantado un par de veces. Sin embargo el tiempo llegó cuando después de golpes emocionales aprendió que el noviazgo viene de Dios, es una realidad, gran bendición, responsabilidad y así fue como decidió no tener otra novia hasta que fuera la indicada por Dios y él pudiera estar listo para casarse. Esto llevó años. El nombre de este joven fue (Joshua Harris) el autor del libro llamado, "Le dije adiós a las citas amorosas".

La vida no es más que un conjunto de decisiones que forman un completo llamado experiencia. El noviazgo es parte de la vida vivida por lo tanto también se originó bajo una decisión y yo diría una de las más importantes, porque de ella depende la otra parte que el ser humano necesita para suplir la necesidad, apoyo y amor que completa la vida del individuo en la búsqueda de la felicidad.

El propósito de este libro en tus manos es ser una guía, ayuda y amonestación en la decisión más grande de tu vida – casarte, recordando que la decisión de a quien escoger trae y aplica la ley de "causa y efecto". El noviazgo no es un viaje de vacaciones o unos minutos a la tienda para comprar la comida.

El noviazgo es la antesala del matrimonio y la decisión allí en elegir tu pareja será grandemente responsable del éxito de tu futuro que cubre *el triángulo* buscado que forma la relación. Dios, tú y ella. Espiritual, físico y social. Amor, paciencia y paz. Bondad, cortesía y felicidad. Tolerancia, misericordia y perdón. Esta decisión que es en sí una decisión que tendrá grandes consecuencias ya para bien o mal que afectará tu 'destino'. Sin embargo su existencia o fracaso depende como te prepares para tomar ese paso.

Finalmente ayudará a contestar preguntas tales como, ¿Qué es el noviazgo? ¿Qué dice Dios sobre el noviazgo? ¿Qué es amor? ¿Quién es la pareja ideal? ¿Por qué terminé otra vez? ¿Podré alguna vez encontrar el amor de mi vida? ¿Qué es permitido en el noviazgo? Y muchos otros puntos.

Como joven y experiencia propia he pasado por allí con todas esas preguntas y creo que hay millones de jóvenes cristianos con tanta confusión y deseo de alguna voz que inspire la gran posibilidad de ser exitosos y bendecidos en el noviazgo que todos los jóvenes buscamos. Aquí tienes en este libro mi opinión.

1 - El Noviazgo

El noviazgo en términos generales es un "periodo" en la vida donde seres humanos de ambos sexos pueden conocerse, tratarse e intentar un futuro.

Este es el periodo en el que se desatan los grandes poetas, cantantes y escritores de cartas, miradas y el arte de la bondad, cortesía y mucha misericordia. De hecho en este periodo todos se vuelven románticos y grandes pensadores, las emociones nacen, sentimientos de grandes consecuencias gritan allí, en realidad allí nace otra vida inimaginable.

Aquí de acuerdo al pensar común se da uno cuenta de que hay tantas personas apuestas, bellas, capaces de llamar la atención, encarrilando a esa persona capaz de llamar nuestra atención de alguien que gusta, atrae y conoce para que el joven le dedique toda su habilidad de conquista y ella prueba toda su inteligente atención.

Lo aceptemos o no también el noviazgo es un periodo donde nacen las oportunidades, posibilidades y privilegios que de otra manera no existieran. Así también es el periodo donde el cielo se une con la tierra. El hombre con la mujer establecen el privilegio del amor. Pero consciente o inconsciente también se une la tierra con problemas, consecuencias terribles y seres humanos unen el infierno a su experiencia. Aquí se siembran semillas de verdad o mentira, engaño que tarde o temprano darán una cosecha.

Sin embargo para los **verdaderos cristianos** este es el periodo donde se acercan más a Dios, la oración se vuelve un hábito y la soledad, curiosidad emocional se combina con el deseo de honrar a Dios, buscando a esa persona que teme al cielo.

En breve el diccionario nos dice que el noviazgo es: *"Relación entre personas que tienen la intención de casarse o de vivir en pareja."* Sin embargo establezcamos que esta confirmación establece la verdad que todo cristiano debe defender y ella es que el noviazgo *es "la intención"* de querer formar un hogar – casarse y tener un matrimonio. Si esto es cierto entonces es importante que le demos la importancia necesaria pues es para personas serias, personas que en este periodo – noviazgo se conocen con el propósito de casarse.

Cualquier *otra intención* fuera de querer casarse el noviazgo será un fracaso en la vida. Por lo tanto dedicarle nuestras mejores reflexiones es indispensable. Nuestra habilidad de observación más que de conquista será de buen provecho manifestado para no lamentar las consecuencias de nuestra propia elección.

"La amo", expresó un joven de secundaria, la relación se desarrollaba día a día. Ambos parecían felices. Nada los separaba, juntos de las manos, en la iglesia y casi todas sus actividades de escuela eran hechas sin faltar el otro. En uno de esos días de novios mientras platicaban de lo que desearían para el futuro... ella le preguntó a él, "¿Cuándo visitarás a mis padres y pedirás mi mano para que nos casemos?" Él estando sentado brincó de susto y exclamó "que, ¿casarnos? ¿Hablarles a tus padres? No, no, eso no. No estoy listo para eso todavía".

De alguna manera muchos noviazgos se reflejan en esta historia. Se desea ciertos derechos de novios pero cuando se trata de respetar y dar responsabilidad a nuestras palabras en el noviazgo muchos de una u otra manera gritan: **"No estoy listo"**.

Este libro nos ayudará a enfrentar la realidad del noviazgo y lo que nos acerca o aleja de un matrimonio exitoso o fracasado. Se contestará tantas preguntas que existen en la mente de la juventud cristiana sobre lo que es y no es el noviazgo bajo la opinión de un joven que ha estado allí. Así que sabremos juntos qué:

- El noviazgo es Divino.
- El noviazgo es una realidad.
- El noviazgo es una responsabilidad.
- El noviazgo es base de un futuro.
- El noviazgo como manto para cubrir la "pasión".
- El noviazgo comienzo de un pequeño cielo.
- El noviazgo atrae a Dios.
- Los diez mandamientos para tener un miserable matrimonio.

- Siete cualidades de un futuro esposo/a.
- Ocho principios para un noviazgo con futuro.

2 - El Noviazgo es Divino

"Anda, clama a oídos de Jerusalén: Así dice el Eterno. Me acuerdo de ti, de la devoción de tu juventud, del amor de tu noviazgo, cuando andabas en pos de mí en el desierto, en tierra sin sembrar." (Jeremías 2:2.)

El noviazgo viene de Dios. Dios es Él autor del amor. El noviazgo es el epicentro donde se viven muchas experiencias que forman o completan el vacío humano. Allí cuando el noviazgo se forma y tiene la aprobación de Dios se vuelve Divino. Divino porque el amor es de Dios, Él es entonces la fuente de todo lo que es amor, el epicentro de una verdadera pareja, este tipo de amor es algo que nace en el pesebre del noviazgo.

Su edad condenaba su convicción, cuarenta y cinco años de edad. Creía que el verdadero amor de pareja nace en el cielo, pero esta convicción la obtuvo en sus treinta. Cuando aprendió amar a Dios entonces supo que el amor que perdura nace del cielo. Cuenta que intentó de todo. Un día oró, "Señor hoy en la iglesia la que se quede dentro del templo después de que se vayan todos esa, será mi esposa." Para su sorpresa se quedó una viejita y rechazó la respuesta a su propia oración. Más tarde escogió a candidatas, les envió la misma carta de amor y según él la que le contestara primero sería la mujer de su vida. Le contestó una y él le comunicó lo que había hablado con Dios. Hicieron planes para casarse y mientras él trabaja para ahorrar para su boda, él recibió otra carta donde se le informaba que su comprometida se iba y se casó con otro.

Decepcionado con Dios dejó de orar y se puso a meditar, horas, días, meses y años transcurrieron hasta que entendió que el verdadero noviazgo nace en el taller de Dios y no en la soledad de las emociones. Reconoció que él había estado formando la respuesta a sus propias oraciones. Sin embargo Dios conocía su deseo de honrarle. También en todo supo que cuando se aprende que el amor y por ende el noviazgo es de Dios entonces lo que tiene sentido para uno no es lo que importa al Señor y lo que no tiene sentido para uno es el regalo del cielo.

Cuando aprendió esta verdad ella llegó. La encontró mientras servía a Dios en la obra misionera, señorita veinte años más joven que él y llevan más de quince años casados. Son extremadamente felices. Él dice que tuvo que aprender bajo rigurosa experiencia que el noviazgo verdadero es Divino y por ende solo puede formarse por dos personas que temen a Dios.

La Biblia nos da el concepto Divino de la siguiente manera.

- "En gran manera me gozaré en el Eterno, me alegraré en mi Dios, porque me vistió de vestidos de salvación, me rodeó de un manto de justicia, *como a novio me atavió, como a novia adornada de sus joyas.*" (Isaías 61:10.)

- "Y haré cesar de las ciudades de Judá, y de las calles de Jerusalén, la voz del gozo y de la alegría, *la voz de esposo y la esposa*; porque la tierra quedará desolada". (Jeremías 7:34.)

- "*El Espíritu y la esposa dicen*: "¡Ven!" Y el que oiga, también diga: "¡Ven!" Y el que tenga sed y quiera, venga y tome del agua de la vida de balde." (Apocalipsis, 22:17.)

- "*El que tiene la novia es el novio. El amigo del novio, que asiste y lo oye, se alegra mucho al oír su voz. Así, mi gozo se ha cumplido.*" (Juan 3:29.)

- "Respondió Jesús: *"¿Pueden los que están de bodas tener luto mientras el esposo está con ellos?* Pero vendrán días cuando el esposo será quitado. Entonces ayunarán." (Mateo 9:15.)

- "Entonces el reino de los cielos será semejante a diez vírgenes, que tomaron sus lámparas, *y salieron a recibir al novio.*" (Mateo 25:1.)

Las Escrituras nos presentan a la iglesia como la novia y a Jesús como el novio. Dios mismo le da importancia al noviazgo simbólicamente de la siguiente manera.

Está el periodo en el que ambas partes se conocen, logran una relación y se establece con esa posibilidad de matrimonio reflejado claramente en el libro de Cantares – lo que en las Escrituras se conoce como – *relación con Cristo y tiene como clímax "la boda del cordero", el matrimonio espiritual.* Escrito está: "Bienaventurados los que son llamados a la cena de *las bodas del Cordero.*" (Apocalipsis, 19:9.)

Establézcase entonces que el noviazgo es de origen Divino. Es aprobado por el cielo. En este contexto el noviazgo es el resultado de una ecuación celestial.

Joven + intención + acción + señorita +acepta = Noviazgo.

La soledad en la vida es parte del plan de Dios que permite el deseo y la necesidad de compañerismo. Cuando los años lo permiten en el joven nace la intención de amar a otra persona del sexo opuesto, lo que viene a ser completamente permitido por el cielo en su debido tiempo.

Algunos no están de acuerdo conmigo pero soy de la opinión que aunque el noviazgo es permitido y es de origen Divino, *todo tiene su lugar y tiempo, me refiero a la edad y madurez.* El ser humano fue creado como un ser sociable. En esta fase de la vida del humano se completa Dios en la unión de un hombre y una mujer, cuando se forma un noviazgo con fines estables del gran deseo de matrimonio.

El humano sin Dios es nada (Juan 15:5.) El vacío en el hombre es suplido por el cielo. La salvación es necesaria en la vida de todo individuo, fuera de ella nunca será feliz. Sin embargo la salvación, Dios en si buscando la felicidad del hombre tiene varias formas de proveerla, entre ellas está la belleza del noviazgo.

De igual manera aunque tiene a Dios aún sigue humanamente sintiéndose solo si es soltero (Génesis 2:18-20.) (Cantares 3:1.) La gran pregunta es ¿Cómo? ¿No debería Dios cubrir esa soledad? Bueno, repito eso es parte del mismo plan de Dios. Cuando después de conocer a Dios, ser cristianos y gozar de la salvación existe aún ese sentimiento de soledad – si eres soltero o soltera no te preocupes no pienses que tu relación con Dios no es real o verdadera, todo lo contrario es otra manera maravillosa que se manifiesta la oportunidad de conocer a Dios por medio del amor entre dos personas.

Este vacío que viene después de conocer a Dios no es otra cosa que la necesidad de compañerismo, amistad, intimidad de una relación dentro de los mismos seres creados como nosotros, los humanos. *Privacidad y expresión especial al sexo opuesto en esa persona de tu elección no es un pecado.* Es otra manera de mostrar como Dios completa su felicidad, paz y amor en los seres humanos. Ese deseo de tener la compañía, atención y amor de alguien o el gran deseo de expresarlo no es en ningún sentido pecado o malo sino necesario e importante para llenar y completar la vida del ser humano.

El punto es que sin Dios estamos incompletos en todo, y la ideología es aquí que aunque en Dios encontramos todo, Él es el que permite la experiencia de necesitar esa otra persona, amistad, atenciones especiales sin las cuales créanme estamos incompletos. Se notará en la experiencia del ser humano que sin tener esa otra parte ya sea la persona, o nosotros a esa otra amistad no seremos felices en su totalidad a menos que suplamos *esa necesidad impuesta en nosotros por voluntad Divina.*

Para completar esta ecuación de Dios en la tierra – el noviazgo, todos necesitamos de todos. El hombre a la mujer, y así ellos de Dios. Ahora viene la pregunta personal, ¿Qué Dios no tiene el corazón y lugar en el hombre cuando se le conoce? Claro llega a ser nuestro Creador y Sustentador pero esto jamás toma el lugar de nuestro deseo de amar a otra persona del sexo opuesto, sentimientos y emociones para expresar. Lo que quiero decir es que nuestra personalidad, carácter y posibilidad están allí tan parlantes como lo es Dios en su Universo. Todos tiene su propio universo, su propia vida y aunque somos imagen de Dios, también somos seres libres y sociables llenos de necesidades que no son suplidas solas con una lectura de la Biblia o una oración, sino debe buscarse, verse y encontrar que llena *esa soledad* después de conocer a Dios.

Debe saberse y entenderse que hay una soledad producida por el pecado y eso es la necesidad de Dios, y existe una soledad después de aceptar a Cristo que no es pecado sino la necesidad de una compañía, el amor que solo se puede lograr en dos seres humanos.

La personalidad, carácter e individualidad *no desaparece por conocer* o aceptar a Dios. De la misma manera al lograr una relación con el sexo opuesto, ese ser especial, novia o novio, esposa o esposo *no toma* el lugar de Dios – solo se completa su amor, su bondad y voluntad. Una creación completa inicia con la bendición de un noviazgo aprobado por Dios, esa es la clave.

La verdad aquí entonces que debe entenderse es que el joven es completo cuando El Eterno es parte de su vida, es completo cuando logra encontrar esa "persona" que suplirá su necesidad Divina de sociabilidad, compañerismo en su vida y entiéndase que es completo cuando al tener a Dios y esa persona especial su individualidad es intachable y su felicidad es completada y establecida por Dios y la persona elegida o aceptada.

El joven y la señorita juntos son la fórmula más bella para lograr un futuro matrimonio. Esta ecuación nos muestra que el noviazgo es Divino y por lo tanto es un regalo para todo el que sabe seguir las bendiciones del cielo. Así que para que el noviazgo sea Divino y próspero la fórmula es, Dios, joven y señorita. Si una de las tres falta tendremos tristezas, soledad y amargura. Las tres son la que forman la bendición de creación, amor, y felicidad.

Comprender que el noviazgo es Divino establecerá el fundamento para entender que el noviazgo es una realidad.

3 - El Noviazgo es Una Realidad

"Esto es lo que hemos inquirido, *y es así.*" (Job 5:27.)

En la vida humana nada es casualidad sino una completa realidad. Aunque el noviazgo podría pasar desapercibido inconscientemente en el proceso de la vida, es la experiencia de dos jóvenes donde se manifiestan amor y el centro de su atención sería injusto a la existencia decir que no es una realidad bella que se experimenta. Por lo tanto debe dársele su debido lugar en la vida juvenil si es que hemos de manifestar cautela, sabiduría y prudencia, reconociendo por conciencia atenta que es una realidad que se vive.

Entre cartas, relaciones casuales aprendió las maneras más exquisitas de conquistar a una joven. Su experiencia abundó en áreas de adultos. Compromisos serios lo asustaban. Todo lo que invitaba a ser honesto con sus emociones eran fantasmas que lo alejaban. Sus intereses eran carnales y prioridad y nadie era para siempre. Pasó la adolescencia imitando novelas, películas y experimentando canciones.

Se encantó con la idea de amar pero gobernaba el poder de la infatuación. Todo era exótico en el azar de su comportamiento. Un día como todos los demás le impactaron el pensamiento, "¿qué forma un hogar, como encontrar esa persona que complementa? Allí rodeado de una experiencia con amistad aquí y otra allá empieza a nacer una idea interesante – casamiento.

Muy temprano un día mientras meditaba en el libro Sagrado, entiende que había como Israel antiguo caminando en el desierto de las fantasías. Encuentra el camino al pensamiento que invita la realidad de que no hay amor verdadero si ambos no lo desean. Comprende que el noviazgo es una realidad que abre el camino al matrimonio. Tarde pero aprende que el casamiento solo puede nacer de la convicción de que nace el noviazgo verdadero. Nunca más fue el "niño" mimado que busca sus deleites. Aprendió que para tener un amor verdadero uno debe ser honesto con lo que quiere. Escribió en su mente y corazón que el noviazgo es la realidad que engendra el futuro de dos almas en la atmósfera del amor que florece en el matrimonio.

Lo sé porque ese joven fui yo. Crecí en el mundo de libertades que me alejaban del verdadero amor. La realidad del noviazgo me encontró cansado, herido y avergonzado por tantos errores, faltas y caídas que muy bien pude haber evitado si tan solo una voz hubiera llamado mi atención al amor verdadero.

Al aceptar que el noviazgo es una realidad, esa acción le da un alto concepto y matiz a la experiencia que se está formando en el noviazgo. Este pensamiento tiene el poder de darnos información, avisos y pausas de cosas, emociones y sentimientos que deben esperarse o evitarse.

La verdad es que el noviazgo es un evento con la más grande importancia en la vida. Y si como jóvenes pasamos este bello periodo en *jueguitos* tendremos graves consecuencias que terminarán en corazones quebrantados, desilusionados, enemistades y en muchas ocasiones embarazos, abortos, hijos indeseados es triste pero cierto hogares infelices, pues se casan o se juntan forzadamente sin haber engendrado el verdadero amor.

El punto es que todo joven que no vea y acepte que el noviazgo es una realidad, que tiene el poder de sembrar un futuro, felicidad y amor o tristeza, problemas sicológicos, familias, odio y desgracias de seguro fracasará. Lo creas o no el no entender de ante mano el poder del periodo del noviazgo crea conceptos tan delicados como problemas mentales, inestabilidad emocional y tan lejos va como la desilusión trayendo el lesbianismo y homosexualidad, a la vida de muchos jóvenes – personas que en muchos casos fueron traicionados o quebrantados emocionalmente por el sexo opuesto que en su desgracia buscan algo "nuevo" en su mismo sexo.

Nuestra conciencia debe ser activada en este respecto más que nuestras hormonas. Nuestras hormonas por naturaleza aparecerán pero no la conciencia por la falta de educación espiritual y moral en el asunto. Así que esta verdad de que el noviazgo es una realidad con grandes consecuencias para el bien o mal debe despertar la conciencia del joven. La conciencia es el centro de los pensamientos más íntimos de los mismos pensamientos, y es el fundamento intachable de nuestras decisiones que forman nuestras acciones y así nuestro destino.

La realidad del noviazgo establece y promueve ese sentimiento en respeto al sagrado don del amor, a la sensibilidad de la pureza y desarrolla honestidad que es el fundamento del noviazgo aprobado por el cielo. Este espíritu de respeto viene a ser parte del intelecto del joven que busca honrar a Dios, no en el noviazgo sino antes de entrar a él.

El deseo de tener un noviazgo que sea próspero, sano, nace de saber que las realidades del noviazgo son necesarias saberlas antes de entrar en una relación seria. La realidad es saber, ¿qué involucra, precede o debe experimentarse en el noviazgo Divino?

La realidad es lo que lleva a saber que el noviazgo es para personas que desean un futuro hogar. *Nadie que no desee casarse debiera intentar una relación de noviazgo*, esa es una realidad que todo joven cristiano no puede ignorar si desea disfrutar de un noviazgo Divino.

La realidad del noviazgo despierta el deseo de vivir por principios. Ningún noviazgo tendrá futuro si no se establece en principios que nazcan en el cielo por el Sagrado libro (La Biblia.) Estos son los que proveen estabilidad en las decisiones de todo joven, honestidad en sus palabras, sentimientos y amor desde Dios como fuente. Los principios no solo son un fundamento necesario sino el ojo Divino que guiarán nuestros pensamientos y hechos en nuestra vida personal y hacia la otra persona involucrada.

En esta etapa de la vida *la realidad* de lo que es el noviazgo nos da visión de lo que deben ser las personas involucradas. *También nos enseña lo que debe involucrar la relación. Da luz verde a lo que se puede hacer y no practicar.* Tiene el poder de transformar esos hábitos independientes de Dios y la razón y nos forma conscientes de que seremos factores y hechos que hoy sembramos y practicamos.

Esta visión es un puente que une los deseos con la realidad que trae una intención de tener un noviazgo.

"Sé bien que es así..." (Job 9:2.)

Si hubo un tiempo donde el joven debe manifestar esa visión "analítica" es aquí. Analiza y aprende que todo tiene poder de dar cosecha una vez sembrado. Por lo tanto ve que un paso en el noviazgo es un paso a un mundo nuevo donde requerirá la capacidad de mostrar que tan buenos alumnos hemos sido antes de platicar con el noviazgo.

Al permitir que nuestro conocimiento analice un posible futuro nos proveerá no solo la oportunidad de adquirir aquello que no tenemos en carácter o personalidad sino que será una oportunidad de utilizar nuestra fuerza de voluntad y razón para evitar desgracias.

La realidad del noviazgo es la fase donde involucra que sepamos que el noviazgo requiere la capacidad de amar y de ser amado. El amor es fundamental y sin ello no habrá buena relación de novios, porque tarde que temprano se desvía a cosas que son intencionales pero grandes probabilidades de desgracias. Debe saberse que el amor que se desea en el matrimonio debe empezar aquí cuanto se intenta comenzar una relación de noviazgo. El matrimonio no es otra cosa que el resultado de un noviazgo altamente alimentado y guiado a ese fin.

Entender esto nos hará aptos para preguntarnos: ¿Qué deseo en un noviazgo? ¿Por qué quiero esta amistad? ¿Deseo casarme un día o solo pasar un tiempo acompañado/a? ¿Es el amor lo que quiero expresar y recibir o solo pasión carnal? ¿Estoy listo para amar? ¿Deseo ser amado? La respuesta a estas preguntas nos dará una idea de lo realista que ya somos de la importancia de la realidad del noviazgo con futuro.

Soy de la opinión de que como cristianos debemos ser la diferencia en lo que es el noviazgo. No hay ninguna excusa para no conocer la realidad del noviazgo Divinamente diseñado. Se escribió que: **"El hombre prudente obra con sabiduría, el necio manifiesta su necedad." (Proverbios 13:16.) ¿Qué eres, prudente o necio?**

4 - El Noviazgo es Una Responsabilidad

"El que cuida la higuera, comerá su fruto;..." (Proverbios 27:18.)

El noviazgo es como hemos dicho, uno de los periodos más bellos de nuestra existencia, y bendito el que lo experimentó así. Pero deseamos inculcar la idea también de que el noviazgo incumbe, *una gran responsabilidad.* Creo que todos los que se han casado podrán recordar cosas bonitas, y alegrías del periodo del noviazgo. Otros sin haberse casado han también disfrutado algo en los límites permitidos. Están otros que casados se arrepienten de sus acciones en el pasado y si pudieran repetir la experiencia del noviazgo sin duda alguna evitarían grandes errores cometidos en el noviazgo.

Simpática, muchas opciones y sin embargo hace siete años me llamó la atención con sus palabras, "el noviazgo es una responsabilidad y una de ellas no es lo que me pueden dar sino que puedo dar, y honestamente no tenga que dar hoy pero si mañana. Serviré a Dios. Estudiaré hasta graduarme y lo doméstico vendrá a ser algo natural en mi". Allí está sometida a su promesa de prepararse no para recibir sino cuando llegue el día ella pueda dar un noviazgo productivo, aprobado por Dios y sometido a la seriedad de una base al matrimonio.

El noviazgo entonces no solo es una realidad sino una gran responsabilidad que solo jóvenes prudentes saben ejercer. Entender que el noviazgo requiere responsabilidad de nuestra parte, inspirará *a cada joven* prepararse para ello. Lo que estamos diciendo aquí es que si aceptamos que el noviazgo es una responsabilidad entonces reconocemos la necesidad de una preparación y no caminaremos *a él o en él imprudentemente.*

Ser responsables no es asunto de matrimonio solamente, es algo que debemos hacer *antes de entrar a un* noviazgo. La responsabilidad es un asunto de elección y de decisión propia que se logra aprender en cada acto de la vida.

Así entonces cada joven sabe que tener una novia o novio es una responsabilidad y no un privilegio o capricho que nace en un deseo o mirada. Tener esto como pauta a seguir y aplicar créanme que proveerá fundamento para lograr una relación linda y productiva amistad, noviazgo y un día matrimonio.

Todo joven debe saber que amor es un privilegio que el cielo le da a cada individuo y este privilegio tiene *su precio* y eso es ser responsables si deseamos disfrutarlo y cosechar para nuestro futuro. Por lo tanto amar es una responsabilidad que calla las pasiones, evita el deseo de pasar un momento con alguien por asuntos de soledad, o negar el enojo de alguien que no quiso nada con uno, no se venga del ex novio o novia para darle celos. La responsabilidad es el padre de todo lo justo, honesto y santo.

El responsable sabe que ser irresponsable en el noviazgo es **"Como el ave que se apresura al lazo, y no sabe que es contra su vida, hasta que la saeta traspasa su corazón."** (Proverbios 7:3.) ¿Qué tipo de jóvenes somos, responsables o irresponsables?

Este tipo de responsabilidad *evita el juego* que se ha vuelto un estilo de vida en lo que es el noviazgo a nivel mundial. Lo más triste es que el cristianismo moderno ha adoptado este tipo de noviazgo en sus filas. Esto está carcomiendo a los cristianos y las historias más tristes se encuentran entre los profesos creyentes quienes a voz en cuello se burlan del sagrado noviazgo.

Cuando se sabe que una relación de noviazgo equivale a ser responsable entonces sabremos *que nada es "suerte" sino elecciones propias.* La responsabilidad hace que controles cualquier intento liberal, libertinaje e impureza. Ser responsable evita cualquier juego y pasión sin control. Ser responsables hace que la conciencia, la razón y las Escrituras estén en control y no la naturaleza del hombre caído. La experiencia y los golpes de la vida han enseñado que solo bajo una naturaleza nueva, creada por el cielo en nosotros como cristianos verdaderos nos capacitará y hará realidad que una convicción de responsabilidad dirija nuestra vida en lo que es el noviazgo, fuera de ello es imposible vivir una relación de noviazgo que honre a Dios y tenga la plena bendición.

"Cuando el dueño de casa llamó a sus siervos, a cada uno le dio su trabajo. Toda la familia de Dios está incluida en su responsabilidad de emplear los bienes de su Señor. Cada persona, desde la más humilde y oscura hasta la más encumbrada y brillante, es un instrumento moral dotado de facultades por las cuales es responsable delante de Dios... Las facultades espirituales, mentales y físicas, la influencia, la posición, las posesiones, los afectos y las simpatías, todos son talentos preciosos que deben emplearse en la causa del Maestro..." (A Fin De Conocerle pg. 326.)

Responsabilidad en una relación te ayudará a analizar y escoger con cautela tus pensamientos, acciones y afectos. La razón entonces gobernará, y no las emociones y gustos encontrados en cualquier relación. El joven responsable no avanzará en una relación que no tenga la debida preparación en oración, la oración hará que la sabiduría de lo alto dirija. Esta preparación es real en hechos como la meditación, la lectura del libro Sagrado, buscará leer libros sobre el tema del noviazgo y matrimonio.

Cuando los jóvenes son responsables ninguno de los dos engañará a sus padres. Una joven responsable no tendrá una relación de noviazgo sin que el joven responsablemente *pida permiso* a sus padres. De igual manera ningún joven responsable se dará el lujo de tener una relación sin que sus padres y los de la otra persona lo sepan y den su consentimiento. La responsabilidad en ambos jóvenes hará que sean honestos y transparentes en su amistad.

Entender este concepto de responsabilidad en el noviazgo es reconocer que ningún noviazgo puede ser llamado cristiano, sin tener muy en cuenta a Dios. Jóvenes responsables sabrán que sin Dios y su aprobación nada bendecido se logrará. Dios debe ser consultado, Él debe ser parte de la relación. La responsabilidad tiene al cielo como fundamento en todo lo que hace.

Toda persona responsable sabe lo que busca, quiere y edifica en el noviazgo, sabe que buscar conquistar tiene sus consecuencias, así como el decirle "si" a un joven conlleva sus resultados gratos o ingratos, todo depende de cuan preparados estábamos en ser responsables o tomar responsabilidad en la nueva relación de noviazgo.

La responsabilidad limitará nuestras intenciones solo a lo verdadero, no habrá lugar para juegos y el tiempo será considerado importante, todo lo que se dice, se habla con conciencia será hecho con prudencia ya que todo tiene su efecto.

Los jóvenes no tienen espacio para las "citas amorosas". No viven el noviazgo novelero en el paraíso de la carne o imaginación personal. Ellos saben lo que desean y controlan deseos, gustos y pensamientos juveniles y saben esperar para el tiempo y ocasión que acontece a todos. Noviazgo a corto plazo es condenado por jóvenes responsables.

Se emocionó al conocerlo, oró y cuando él le propuso ser su novia ella felizmente aceptó. Contra la costumbre de la mayoría de los noviazgo ella eligió ser integra a su Dios, sus principios estaban claros y según su historia nunca comprometió su pureza e inocencia mental y física. El novio no gustó de su manera estricta de seguir al pie de la letra lo que Dios le mostraba, el terminó la relación. Ella no lloró sino expresó; "si esa es la voluntad de Dios no tengo ningún problema que terminemos". Él no solo le dijo que terminaran sino que no la quería a ella, aceptó la realidad y no murmuró. Esta característica de esperar en Dios, aceptar su voluntad atrajo finalmente al joven de su vida. Se casó con quien también supo esperar en Dios.

Su convicción es:

"Al contrario, he acallado y aquietado mis deseos, como un niño destetado se aquieta en brazos de su madre, como ese niño está mi alma." (Salmos 131:2.)

La responsabilidad del noviazgo requiere mucha prudencia en las palabras, el joven responsable sabe que sus palabras pronunciadas inspiran, sugieren y provocan pensamientos en las otras personas y las acciones son seguidas. Entonces se ve la necesidad de revisar las palabras antes de ser dichas en lo que incumbe la relación.

En breve los jóvenes cristianos son responsables en todo lo que hacen. Él que sabe que noviazgo requiere gran responsabilidad y camina en esa verdad sabrá informarse antes de buscar una pareja, pulirá su carácter antes de manifestar amor a alguien. Estará convencido que noviazgo equivale a pensar en dos y dos personas pensarán en matrimonio. Este pensamiento hará que la sensatez dirija los pensamientos, actos y planes.

Al conocer todas estas ramificaciones en cualquier joven consciente, ser responsable será natural. El joven cristiano sabe que desear un noviazgo involucra pasos a un posible matrimonio, ese conocimiento presenta la realidad de si es uno capaz de poder si se diese el casamiento de tener un hogar y así sustentarlo económicamente sin la ayuda externa más que de dos jóvenes cristianos. En otras palabras al desear un noviazgo no buscarán planear nada, sin tener un amor verdadero, deseo de un hogar y con la plena conciencia de poder sustentarlo, supliendo todo lo que se requiera tanto emocional, física y económicamente.

Por lo tanto esto requiere que el joven antes de todo no solo busque a Dios, está en constante mejoría de su carácter sino que tiene un trabajo, una profesión, una educación con la cual buscarse el pan diario y con la plena capacidad de mantener un futuro hogar. Estas son cualidades que jamás deberían pasar por alto antes de pensar o tener un noviazgo cristiano, ¿por qué? Porque entendamos que el noviazgo Bíblico no es para pasarla bien, gozar en la carne o suplir algo en la soledad, es el deseo activado de un día tener un matrimonio, una pareja de por vida, un hogar.

Esta responsabilidad que aquí se habla presenta la verdad que si eres dependiente de tus padres y ya tienes un noviazgo, es clara característica y razón para evitar cualquier noviazgo a menos que ya hayas hecho provisión, porque es casi seguro que tendrás una relación inmadura, amoríos anticristianos y si te llegas a casar o vivirás en la casa de tus padres o suegros, esto es en contra de la Biblia.

Así entonces la independencia en trabajo, techo y economía antes de querer tener una relación de noviazgo serio es importante o por lo menos debe lograrse antes de dar el paso serio del matrimonio. Hoy en la ignorancia tal vez pensemos que no es importante pero la experiencia nos dice que vale la pena aplicar esta verdad de que el noviazgo trae y establece grandes responsabilidades.

Estamos convencidos que en el noviazgo uno se conoce y establece esa amistad con posibles intereses futuros. Cierto es que no cualquiera que tenga un noviazgo o por creer lo aquí presentado sugiere u obliga a casarte con el primero/a que encuentre, no. Sin embargo entender esta verdad evitará hasta donde nos sean posibles todos esos tropiezos innecesarios de noviazgos imprudentes.

"Pueden planearse ejercicios saludables que resultarán beneficiosos para el alma y el cuerpo. *Hay una gran obra que debe llevarse a cabo y es indispensable que cada persona responsable se eduque a sí misma para efectuar esta obra en forma aceptable para Dios.* **Hay muchas cosas que todos deben aprender, y no puede inventarse un empleo mejor para el cerebro, los huesos y los músculos, que aceptar la sabiduría de Dios que ordena hacer el bien, y adoptar algún plan humano para aliviar los males existentes en esta época licenciosa y extravagante."** (Mensajes Selectos tomo 2 pg. 373.)

La verdad es que todo joven responsable y que desea con verdad honrar a Dios sabe que para un noviazgo fructífero es necesario:

- Prepararse en carácter, emocionalmente y profesión.

- Involucrar a Dios no hasta que se tiene un noviazgo sino mucho antes de ello con la oración, lectura de la Biblia y otros buenos libros sobre el tema.

- Involucra a tus padres en todo.

- Pensar en casarse, establecer un hogar y no en solo tener un buen amigo o lindo momento pasajero.

- Noviazgo requiere madurez, capacidad y plena conciencia de hacer bien todo en la relación.

5 - El Noviazgo es un Futuro

"El que siembra en bendiciones, en bendiciones también segará" (2 Corintios, 9:6.)

La relación del noviazgo es el resultado de una verdad tan simple pero poderosa que es, 'decisión, elección y plan'. Todo individuo inteligente se sumerge a la idea que el noviazgo no es un pasatiempo o un periodo en la vida donde se satisfagan los gustos, deseos y placeres juveniles. Todo lo contrario el noviazgo en la vida de todo joven cristiano involucra fases de la vida del humano que fábrica su destino, su futuro y éxito en la vida.

La conoció en la iglesia y se dijo "esta es la mujer de mi vida". Los meses transcurrieron y la semana en la que habían acordado en que él pediría su mano llegó. Él me cuenta que, "no tuve el valor de pedirla, no estaba seguro, le prometí a mi novia que lo haría en la siguiente visita." La muchacha no era una ayuda espiritual y completamente incomprensiva, se enfureció y con palabras lo enterró de una buena vez. Terminaron su relación. Al mismo tiempo su amiga con quien se conocía por muchos años había terminado con su novio y ambos se ayudaron, consolaron y oraron. Un día ambos se dieron cuenta que habían estado en relaciones equivocadas y esta era su oportunidad.

Allí estaba el futuro de ambos en sus manos. Ese futuro solo esperaba. Decidieron entrar a una relación y pronto supieron que eran el uno para el otro. Se casaron y su vida entró a otra dimensión. Su vida espiritual creció, su mundo social y económico acrecentó. Ambos están convencidos que el futuro del matrimonio nace en Dios pero son los humanos los que lo eligen para bien o mal.

Tiene gran importancia que desde temprano en la vida los jóvenes entienden que a nosotros y no a nuestros padres, a nosotros y no los centros de educación, a nosotros y no a nuestros amigos o consejeros nos toca construir nuestro futuro – esa es la convicción de un joven cristiano.

La semilla de lo que queremos ser en la vida está en nuestros corazones. Este conocimiento entre más rápido lo sepamos, comprendamos y atesoremos podrá darnos ventajas de cómo sembrar en los terrenos o campo oportuno. Toda semilla ya sea la del descuido, el amor, la consagración después de sembrada tendrá sus claros resultados.

Las dimensiones de la vida no están en lo más mínimo separado de nuestras decisiones. Esas decisiones tienen y tendrán efecto en las fases futuras de nuestro destino. Lo que estoy diciendo es que debemos estar conscientes de lo que sembramos hoy para que la cosecha del mañana no nos haga lamentar.

Decisión:
"¡Muchos pueblos *en el valle de la decisión*! Porque cerca está el día del Eterno en el valle de la decisión." (Joel 3:14.)

Tener un noviazgo creo que es una de las más bellas experiencias que la mayoría de los jóvenes vivimos en algún momento de nuestra existencia. *Así entonces es el deber de nosotros los jóvenes cristianos informarnos que el noviazgo no debe ser un gusto satisfecho, una necesidad suplida, sino una decisión sabiamente tomada.*

Estudiar que el noviazgo en la vida de los jóvenes cristianos es una decisión que libremente formamos entonces sabremos que cada decisión nuestra hecha por nosotros siembra un futuro, influencia en la construcción de nuestro carácter y sin duda alguna el noviazgo escogido tendrá mucho que ver con ese gozo, felicidad no a corto sino a largo plazo en la vida.

"A fin de despertar la sensibilidad moral de vuestros hijos a las demandas que Dios les hace, debéis imprimir en su mente y corazón la forma de obedecer las leyes de Dios en la estructura física de ellos; pues la salud tiene mucho que ver con su intelecto y su moral. Si gozan de salud y pureza de corazón, están mejor preparados para vivir y ser una bendición para el mundo. *Equilibrar su mente en la dirección adecuada y en el momento adecuado es una obra importantísima, pues muchísimo depende de una decisión hecha en el momento crítico.*" (Conducción del Niño pg. 173.)

La decisión manifestada en el deseo de tener una relación de noviazgo es de gran honor evaluarla antes de entrar en ella. Porque esa decisión involucrará tiempo, carácter y dinero que será vagamente esparcido o invertido para bien y todo dependerá de la las decisiones tomadas antes de iniciar un noviazgo.

La decisión de tener un noviazgo sépase que es el campo que producirá una cosecha esperada o inesperada todo dependiendo de cuan consciente estemos al dar ese paso, recordemos que la cuna de un futuro matrimonio nace en la decisión tomada al iniciar un noviazgo. Entonces ejerzamos el poder de la decisión con sabiduría. "Todo niño debería comprender la verdadera fuerza de la voluntad. Se le debería hacer ver cuán grande es la responsabilidad encerrada en este don. *La voluntad es. . . el poder de decisión o elección.*" (La Educación, pág. 280.)

Elección:
"Por lo cual, hermanos, procurad tanto más afirmar _vuestra vocación y elección_; porque al hacer esto, no caeréis jamás. " (2 Pedro 1:10.)

El futuro del amor que deseamos gozar está sumamente relacionado con la *capacidad de elegir correctamente* esa persona de quien deseamos ser amados y quien elegimos amar. El futuro de ese amor comienza con uno mismo a saber elegir lo que queremos, deseamos y buscamos.

Le urgía alguien en su vida. Joven necesitada de ayuda y en un país nuevo en la desesperación e imprudencia se juntó con un hombre, solo para encontrarse con alguien que no era cristiano, no le gustaba trabajar y le engendró un hijo. Al buscar la custodia de su hijo el juez le preguntó, "¿por qué no era responsable con su hijo en darle para mantenimiento?" contestó que sus padres no le daban dinero y por eso no lo podía mantener. Este hombre ya tenía treinta y cinco años. Ella sola otra vez, con un niño y triste. La imprudencia se goza en darnos lo que no queríamos.

No podemos darnos el lujo de iniciar un noviazgo con la mentalidad del mundo en general. Hoy día en la cultura americana todo es desechable. Una mentalidad tal se manifiesta en los platos, vasos, cucharas y lo creas o no están también las novias, los novios cuando se practican relaciones momentáneas. Lamentablemente los noviazgos se han vuelto un simple "hola y adiós", un "IN / OUT". Las Vegas es el centro de este ejemplo en un minuto estás casado y en el otro divorciado legalmente.

"La mayoría de los hombres y mujeres, al contraer matrimonio ha procedido como si la única cuestión a resolver fuese la del amor mutuo. Pero debería darse cuenta de que en la relación matrimonial pesa sobre ellos una responsabilidad que va más lejos. Deberían considerar si su descendencia tendrá salud física, y fuerza mental y moral. Pero pocos han procedido de acuerdo con motivos superiores y con consideraciones elevadas que no podían fácilmente desechar, tales como la de que la sociedad tiene derechos sobre ellos, que el peso de la influencia de su familia hará oscilar la balanza de la sociedad." (Hogar Cristiano pg. 36.)

Ningún joven sensato va a la tienda de ropa y compra lo que le sugiere el vendedor, ese joven al ir a la tienda de antemano sabe que necesita algo, una corbata, pantalón o camisa, sabe la marca que desea. Llega a la tienda, busca y compra lo que ya sabe que necesita, quiere y beneficiará su futuro vestir. No compra ni la primera camisa que ve ni la que le sugieren sino lo que él quiere, la que es de su talla y él puede pagar. ¿Si en algo que es desechable nos tomamos tiempo para buscar y comprar cuánto más al desear y buscar un noviazgo que en realidad es el fundamento de futuro casamiento?

Elegir una pareja, querer una relación de amistad íntima, soñar con un noviazgo que valga la pena, invita a que sepamos escoger. Es tiempo que abramos los ojos y pongamos nuestros intereses en la mesa y evaluemos a las elecciones que hemos ya hecho en la vida, especialmente hoy al querer encontrar esa pareja. Si hemos hecho ya una elección y es equivocada, cambiemos hoy de concepto que nos proveerá alternativas Divinas para no entrar a un futuro con una mala elección que traerá desgracias.

Indiscutiblemente elegir la persona correcta involucra buscar a Dios en oración. La oración tiene un papel muy esencial en la elección de una pareja. Ningún joven aspire una relación de noviazgo con éxito si no ora antes de entrar en ello. El que no medite y busque hacer buenas elecciones en su propia vida personal fracasará de seguro en la elección de una pareja.

Nuestras decisiones y elecciones deben ser como jóvenes cristianos estar basadas en las Escrituras. Esa elección que deseamos tomar debe tener la palabra de Dios como consejera para evitar tantos, tantos tropiezos y errores en la elección de esa persona especial.

"*La elección de* esposo o de esposa debe ser tal que asegure del mejor modo posible el bienestar físico, intelectual y espiritual de padres e hijos, de manera que capacite a unos y otros para ser una bendición para sus semejantes y una honra para su Creador." (Hogar Cristiano pg. 36.)

Hoy día muchos jóvenes tienen su novia o novio como tener un carro para uso personal, ni siquiera se han percatado que todo en la vida tiene resultados después de elegir consciente o inconscientemente ya sea en serio o jugando, todo tiene consecuencias. Así el pasado como el presente y futuro está y será basado en el poder de la elección. Una vida dedicada a Dios, a la oración a su palabra y toda educación que siembre sabiduría podrá y sabrá entender que todo lo que hagamos hacía, el noviazgo es un futuro construido por nuestras propias decisiones y elecciones.

Buscar un novio o novia involucrará realizar la más grande decisión y más inteligente elección. Construyamos un futuro con sabiduría, un futuro que nos de gozo recordar nuestras decisiones y elecciones. Un futuro que nos de orgullo lograrlo o el valor de vivirlo con todas sus pruebas, convencidos que la persona con quien estaremos el resto de la vida en esta tierra fue la voluntad de Dios.

Planea:
"Cada tarea ha de ser dirigida de la manera más cabal y sistemática, tanto como la mucha experiencia y la sabiduría puede permitirnos planear y ejecutar." (Consejos Para Maestros, Padres y Alumnos pg. 299.)

El noviazgo no es un juego como muchos lo practican. No es un campo de entrenamiento carnal. Tal concepto NO existe en la Biblia. Así entonces es importante 'planearlo'. El noviazgo no es un asunto de tomar a alguien de la mano para lucirlo o motivarlo a ser modelo para nuestro gusto. Tampoco lo es para solo demostrar nuestra magnitud carnal en besos y el arte de abrazar como pulpo.

El noviazgo es más que todo eso. Es el campo donde poder sembrar flores de verdades, es el campo donde sembrar semillas de amor Divino. Es el campo en donde por elección propia sembramos árboles – principios de bendición. Es el campo que produce frutos para completar y embellecer nuestra vida y existencia. El noviazgo es en si el laboratorio donde Dios da el toque celestial a la relación.

Cuando hablo de la necesidad de planear me refiero a estar conscientes del paso que estamos por dar como jóvenes cristianos. Ellos planearán, se aseguran de poseer ciertas cualidades antes de sembrar palabras y actos de atención especial al individuo considerado.

Nunca olvidaré cuando un joven entre mi familia me dijo, "yo primero me graduaré, ahorraré dinero y luego me caso". Cuando me dijo esto él tenía diecisiete años, logra una carrera, encontró a su esposa y se casó a los veintitrés. Evitó jugar aquí y allá planeando lo que él quería.

Al decirse tener un novio/a él joven debe preguntarse, ¿Quiero amar? ¿Quiero casarme? ¿Tengo amor, tiempo, energía para dar? ¿Tengo cualidades de un futuro esposo/a? ¿Estudio, trabajo o posee una profesión? Estas son algunas preguntas que deben ser contestadas por aquellos que desean tener un noviazgo Divino. Si la respuesta a todas estas preguntas es "si", entonces adelante, tendrás mucho éxito. Pero si la respuesta es sí y no, es señal que hay necesidad de evaluación, la vida debe ser examinada y aplicar la enseñanza de que se debe planear de antemano.

¿Si en la vida se planea para una carrera, una casa, porque no para un noviazgo, evento que tiene y logra grandes resultados? El noviazgo es la base de un futuro hogar, no es solo para escribirnos cartas, expresar poemas o vestir el mejor vestido. Es de suma importancia que entendamos que hay que planear el noviazgo.

"Si ellos buscan sabiduría de Dios, Él les enseñará cómo planear y proyectar." (Ministerio de la Alimentación pg. 40.)

Planear sabemos involucra la opinión de Dios, su ayuda es necesaria. Involucra lograr un carácter que manifieste pureza, que respete lo que la moral dicta. Un carácter que ame bajo las más duras circunstancias, busque el bien de la otra persona. Esta acción proveerá la gracia de saber elegir y nos armará de valor y gracia para tomar la decisión.

Planear involucra la necesidad de comprender que en el noviazgo se necesita tiempo, atención y dinero. Si no estamos dispuestos a darlo o invertir nuestra atención en la otra persona ya tenemos la base de placer momentáneo y no un fundamento para algo serio. No olvidemos que el futuro matrimonio empieza en el noviazgo. Allí inicia la necesidad de invertir buen tiempo para conocerse y saber quiénes somos para crecer, madurar y soñar juntos una realidad que puede existir si se quiere.

En breve todo joven cristiano si desea un noviazgo fructífero debe planear:

- Involucrar a Dios en todos sus deseos, sueños y aspiraciones.
- Amar a una sola persona y para toda su vida.
- Dar tiempo para que se conozcan, crezcan y maduren.
- Un medio de sustento – profesión o empleo.
- Una casa, departamento etc. Lograr esto no necesariamente es solo porque se quiere un noviazgo sino porque es la ley de la vida independizarte de la familia.

Como jóvenes en general no se piensa en estas cosas, sin embargo no encuentro en la Biblia un noviazgo para satisfacer las pasiones, al contrario trae compañerismo, trae ayuda, trae la oportunidad de unir dos en uno. Si como jóvenes cristianos no planeamos el noviazgo y así un matrimonio vamos a fracasar. Todo joven que no planee es un pica flor, tiene novias, novios, relaciones a corto plazo pero NO tiene amor, paz, felicidad y dudo que logre un matrimonio fructífero alguna vez.

"Es Dios quien da a los hombres el poder para obtener riquezas. El pensamiento ágil y penetrante, *la habilidad de planear y ejecutar, son de Él*." (En lugares Celestiales pg. 303.)

Finalmente el que planea espera, tiene el don de la paciencia y se somete a su Dios. Es inconmovible al ver a jóvenes en sus noviazgos a corto plazo. La razón basada en la sabiduría le dice que algo mejor le espera.

El futuro de un matrimonio, de un hogar y una pareja feliz está realmente en nuestras manos. Nosotros tenemos el poder de decidir, elegir y planear para ese futuro que está allí para todo aquel que sabe sembrar para mañana.

6 - El Manto Del Noviazgo Falso

"No os engañéis; Dios no Puede ser burlado: pues todo lo que el hombre sembrare, eso también segará. Porque el que siembra para su carne, de la carne segará corrupción; mas el que siembra para el Espíritu, del Espíritu segará vida eterna." (Gálatas. 6: 7, 8.)

Hoy día sin importar tu religión, raza o profesión se sabe que algo está ocurriendo con los matrimonios, hogares se están desmoronando como la nieve después de una temporada bajo 0. Los divorcios están llevándose a cabo con una rapidez que está sorprendiendo a la misma humanidad. Ya no se están haciendo leyes para evitarlos y ayudarles a sobrevivir sino a realizarlos más fácil y rápido.

Los autores sobre la familia, matrimonio y hogar señalan que hay una gran necesidad de relación con Dios, más comunicación entre pareja y familia, comprensión, el don de la tolerancia el uno al otro. Son pocos los que señalan otras razones aparte de las ya mencionadas.

En mi opinión creo que la ruptura de un hogar, matrimonios destrozados empezaron en el noviazgo. Pocos tienen esta convicción pero en mis años vividos me aseguran este punto.

Una y otra vez me dicen personas con problemas matrimoniales:

> **"Yo sabía que era mujeriego... y aun así me casé con él."**

> **"Me dijeron que no le gustaba trabajar y yo lo ignoré."**

> **"Cuando éramos novios No le gustaba leer su Biblia, no era espiritual, lo sabía."**

> "Ella en el noviazgo le gustaba las compras de cosas innecesarias pero pensé que cambiaría."

> "Cuando estábamos de novios me mintió un par de veces y pensé que al casarnos sería diferente."

> "Cuando éramos novios me engañó con otro pero se arrepintió y la perdoné pensando que al casarnos cambiaría."

Me imagino que ustedes también han escuchado frases como las que acabo de escribir. Debido a esos comentarios me he convencido que todo lo que involucra un matrimonio empieza y termina en el noviazgo. No te engañes el noviazgo, es el centro de lo que ocurrirá en tu futuro matrimonio.

"Creo que en gran parte los matrimonios fracasan porque la gente envuelta han hecho un desastre del proceso de elección." (Leyes del Noviazgo pg. 6,) por (Mike Tucker.)

Muchos jóvenes cristianos hemos caído en el jueguito de amigos con derecho, novios hoy, mañana enemigos. "Hoy Dios me contestó porque ella me dio un beso, me contestó el teléfono, el oró por mí", etc. "De seguro no era la voluntad de Dios", a los 15 minutos ya está hablando con otros. Repitiendo la misma historia. Estas personas viven exactamente lo que la palabra quiere decir; Novio - **"No – vio"** Novia - **"NO – veía"**.

El joven que no ve que el noviazgo es Sagrado buscará satisfacer sus deseos carnales en una relación de novios. Su noviazgo será la salida a su soledad, deseos y pensamientos carnales. Esta intención, falta de entendimiento y práctica de seriedad en lo que es el noviazgo es lo que hace realidad los noviazgos a corto plazo, amigos con derechos. Atenciones especiales sin sentido y dirección sin rumbo.

"Bajo el poder degradante de la complacencia sensual, *por la inoportuna excitación del noviazgo y casamiento,* muchos alumnos dejan de llegar a la altura de desarrollo mental que podrían haber alcanzado de otra manera. (Consejos Para Maestros, Padres y Alumnos pg. 86.)

Este tipo de jóvenes existen y están en la iglesia, el noviazgo no es para ellos algo Sagrado y la cuna de un futuro matrimonio sino el "manto falso" para cubrir sus deseos no santificados. Todo joven que es hábil para las relaciones a corto plazo y sabe conquistar, sépase que la mejor manera de no dar a conocer su verdadero carácter mundano es teniendo novias a corto plazo para disfrazar sus verdaderas intenciones.

En México conocí a un joven que tenía 30 años recuerdo que tenía una novia hoy y otra la siguiente semana. Era buenísimo para conquistar. Un día me aventuré a preguntarle por qué no se casaba con una de ellas y me contestó, "debo disfrutar mi juventud antes de quedarme con una sola". Lo más lamentable era que este joven era un cristiano que debía saber mejor ejemplo que alguien sin religión.

Jóvenes no convertidos hacen del noviazgo el manto para cubrir sus deseos carnales, fantasías satánicas y sin duda alguna son los mejores agentes del enemigo para un futuro matrimonio Sagrado. Son agentes que echan a perder la felicidad de una mujer o ellas en la vida de un joven. Desgracias que sencillamente originan en esas relaciones pasajeras.

De pequeño en el colegio cristiano y en la iglesia me sorprendió como los muchachos más grandes de edad quienes en su mayoría eran cristianos, bueno profesaban ser cristianos, nos daban consejos sobre cómo conquistar una muchacha, que hacer al estar juntos y también como dejarlas cuando ya no queríamos nada con ellas. Uno de los profesores un día me preguntó, ¿ya la besaste? "A ella le gusta de todo." ¿Cómo sabia él eso?

Todo joven que usa el noviazgo como un cuarto de diversión no es digno de ser llamado cristiano. Si tu noviazgo es para besar, fuente de caricias sensuales, para desahogarte solo cuando tienes problemas, ver películas solos y no tienes paz si no están en privado, entonces sépase que ambos están usando el noviazgo falsamente.

Señoritas que profesan ser cristianas si tu permites ser centro de atención y das rienda suelta a tus excitaciones, caprichos y amarguras en un noviazgo entonces sin duda eres una *que no ve*, en otras palabras eres *una No – veía*. Muchachas que se dejan utilizar por jóvenes no cristianos y cristianos son personas que "no ven" que el noviazgo es algo Divino y Sagrado. Claro que se dejan arrastrar por lo que todos hacen y como "Dalila lo hace yo también" - expresan. No ven lo importante que es el noviazgo y así son un centro de atracción al pecado y no de bendición.

Era el centro en su clase, casi todos los muchachos la conocían pero no por ser cristiana sino porque la mayoría había ya sido sus novios. Ella veía esto con orgullo. Usaba su belleza para enganchar al que ella quería. Le gustaba dar celos a las otras muchachas, les quitaba el novio y los regresaba a su gusto.

"Las circunstancias tienen poco que ver con lo que experimenta el alma. El espíritu albergado es lo que da color a todas nuestras acciones. No se puede hacer desdichado al hombre que esté en paz con Dios y sus semejantes." (Joyas de los Testimonios tomo 2 pg.190.)

Amiga si tú has 'tenido' novios entonces es posible que cumplas lo mencionado en el párrafo anterior. Durante los años de nuestra juventud si en su determinado tiempo no se consume el noviazgo en boda, entonces hay una gran posibilidad que lo estamos usando para cubrir nuestras emociones, pensamientos y deseos no santificados.

Algunas señales que muestran que no estamos usando el noviazgo de la correcta manera es:

- No hay seriedad.
- No tienen la intención de casarse.
- La relación es el centro de diversión para ambos.
- Solo se desea estar en privado.
- Los besos, caricias son el alimento de la relación.
- El físico es centro de estudio, las manos se vuelven pulpos.
- En muchas ocasiones el sexo es consumido.

Queridos jóvenes sépase que este tipo de noviazgo está condenado por Dios y sin duda quien lo ejerza está completamente desviado de la voluntad y razón del noviazgo verdadero. Es mi oración e intención motivarte *a que busquemos* a Dios para que nos reoriente al verdadero noviazgo. Sin esta intención vamos a sembrar un matrimonio amargo y seguro divorcio.

Invito a todo joven cristiano a buscar un noviazgo Divino evitar y pelear contra todo manto falso en el noviazgo. Rompamos hoy día este manto falso que muchos jóvenes cristianos poseen, algunos ignoran pero que está ocurriendo. ¿Qué tipo de noviazgo quieres? ¿Qué tipo de noviazgo tienes? ¿Cuál es tu meta en el noviazgo? El que quiere puede y tendrá un noviazgo aprobado por Dios y honestamente es no solo diferente, bendito y productivo porque lleva lejos, es valiente y dispuesto a ser serio que siempre termina en el bendito casamiento.

'Todos son iguales' – dice una joven. 'Solo quieren algo momentáneo. En varias ocasiones solo sexo. Caí y lo peor fue con quien pensé amaba a Dios. He aprendido que el amor es más que eso, es más que alguien al lado y detalles bonitos del momento, he vivido esto y ahora estoy sola pero contenta, he aprendido también que lo que es mío vendrá en su tiempo.'

Tiremos el manto falso del noviazgo moderno y agradezcámosle a Dios por la oportunidad de empezar otra vez.

7 - El Noviazgo, el Comienzo de un Pequeño Cielo

"El hogar debe ser hecho todo lo que la palabra implica. Debe ser un pequeño cielo en la tierra, un lugar donde los afectos son cultivados en vez de ser estudiosamente reprimidos. Nuestra felicidad depende de que se cultive así el amor, la simpatía y la verdadera cortesía mutua." (Hogar Cristiano pg. 9.)

Cuando uno entiendo lo Sagrado que es el noviazgo entonces créanme que empezamos a construir un pequeño cielo aquí en la tierra. Este pensamiento tiene su precio. El costo de tal pensamiento, deseo y realidad es: "cree, busca y establece amor Divino en todo".

Jóvenes y temerosos de Dios iniciaron su relación de noviazgo. Se casaron y sabían que la felicidad no era un milagro sino el trabajo de dos con la bendición del cielo. Sembraron en su jardín hijos e hijas. Los años han transcurrido y en las buenas y malas siempre supieron su prioridad. Hoy después de cincuenta y cinco años de casados me dijeron: "Uno construye su cielo aquí en la tierra, no es un milagro es una creencia, se busca y estable por uno mismo. Si tuviéramos que comenzar otra vez, volveríamos a tener el mismo noviazgo, el mismo matrimonio y te diríamos lo mismo."

Cree:
El verdadero noviazgo "cree" que el verdadero amor es consumado en el matrimonio pero que empieza en el noviazgo. Convencidos en este punto *obtenemos el poder* para que los jóvenes cristianos lleguen a ser fuentes de un verdadero amor santo.

El noviazgo aquí presentado pelea por establecer que la relación que funciona y prospera es aquella que cree en el amor nacido en Dios. Ambas personas creen que si tienen el conocimiento de Dios cuentan con esa gran posibilidad de experimentar, dar y expresar amor Divino.

Era un joven pastor, escuchó de una misión en África pero una de las condiciones era que el que iría tenía que estar casado. Como soltero estaba descalificado. No se había casado porque creía que él no podía escoger por sí mismo, estaba esperando por esa esposa que viene de Dios. Los días se avecinaban para el viaje. Su convicción de que todo viene de que el amor verdadero nace en el cielo lo llevó a orar fervientemente a Dios y el Señor le contestó, le dio la esposa. La verdad es sencilla el que en verdad cree puede. Con el amor de toda una vida no se puede jugar, solo viene de Dios.

El conocimiento de este concepto hará que el joven cristiano crea en ello. Esta creencia producirá una base segura en el noviazgo y será también una pared contra todo lo falso. Creer que lo que Dios nos dice es posible, creer que Dios puede manifestar amor Divino por medio de nosotros y creer que esta actitud y esta disponibilidad harán que Dios abra la puerta en otra persona, es la fe más santa que permite empezar a ver que nace un pequeño cielo en el noviazgo, floreciendo en el matrimonio. ¿Qué fe tienes tú? ¿Qué buscas en realidad en un noviazgo? ¿Tus respuestas satisfacen las Escrituras? ¿Crees en un noviazgo productivo o pasajero?

Busca:
El que "cree puede" empezar a buscar para construir ese pequeño cielo aquí en la tierra. El amor verdadero cuando se cree en él se establecerá y será una realidad aquí, en el noviazgo cristiano, llega a ser un objetivo intensamente buscado. La pasión Divina concentrada es altamente capaz de visualizar un futuro. El que cree puede sembrar esa semilla de amor Divino en sus pensamientos, así sus acciones y seguro veremos frutos envidiables.

Los jóvenes que creyeron que *el que cree puede* ahora pueden buscarlo, es fundamental para la creación del pequeño cielo. El afán ahora es buscar ese tipo de experiencia. Se regresa a la fuente – Dios para su formación. Allí está el poder que puede cuando se busca crear algo. El secreto de este pequeño cielo está en que reconozcamos que nosotros solo podemos colaborar pero no construirlo como lo hace Dios.

"Mientras están en la escuela, los estudiantes no deben permitir que su mente se confunda con pensamientos de noviazgo. Están allí para obtener idoneidad para trabajar por Dios, y este pensamiento debe predominar. Adquieran los estudiantes una visión tan amplia como sea posible de sus obligaciones hacia Dios." (Consejos Para Maestros Padres y Alumnos pg. 97.)

Mi concepto entonces es que el que tiene una mala relación con Dios tendrá una mala relación de noviazgo. Por eso la prioridad de todo joven cristiano es que su relación esté bien con su Dios. Esta verdad establecida permitirá al joven buscar amor para proveer amor verdadero. No camina a ciegas tratando de dar lo que no tiene. La mayoría de noviazgos se crean con la convicción de que ellos deben recibir, ser amados y atendidos y no ellos a los otros, error, ¿no es así?

Estaba en el Estado de Florida en una gira misionera y conocí a un muchacho que me impresionó con su historia. Su esposa lo había dejado por irse con otro. La relación de este joven con Dios no era una mentira. Su corazón había sido quebrado, pero no su fe en Dios. Aun así no buscó a nadie en su vida para llenar el vacío dejado por su ex esposa. Pero si hizo algo interesante se dedicó a realizar obras de caridad, dar amor al necesitado. Lo más impresionante fue que después de años y grandes oportunidades que tuvo de casarse con muchachas cristianas y guapas escogió amar, dar toda su atención a una muchacha sin padres y pobre que está enferma de osteoporosis degenerativa. Su condición es muy mal y aun así al buscar amar como Dios ama, ella aceptó casarse con él. Llevan más de doce años casados y el la ama con toda el alma. El verdadero amor se encuentra cuando uno busca honrar a Dios, dar amor y cuidar de la persona amada, allí empieza el cielo que no muere aquí en la tierra sino que llega a ser eterno.

Este tipo de joven estará buscando el cielo unido a la necesidad de una "continua" búsqueda del amor verdadero primero, la santidad centro de su carácter y desarrollo de una personalidad que puede llegar a amar. Su relación con su Dios es primordial. Son incansables en mantener una relación viva con el cielo y así siempre es su meta y misión traer un pequeño cielo aquí en la tierra por medio de sus conceptos y comportamientos. Por su manera de pensar y vivir ellos, conectan el cielo con la tierra.

Los jóvenes que desean construir el pequeño cielo y empezarlo con el noviazgo deben buscar el conocimiento del cielo, aplicar los principios Divinos y asegurarse que lo que buscan en el noviazgo es por amor, buscarán asegurarse que son una real expresión del amor que buscan. Son realistas, son corteses, son tolerantes y sobre todo son cristianos, representantes del amor de Cristo.

Todos los que creen en el pequeño cielo aquí en la tierra solo pueden y buscarán a toda costa vivir en los parámetros de ese amor Divino. Esta es la felicidad verdadera en el noviazgo bendecido que nace en el cielo, crece con la humanidad y regresa al universo con creces Divinas – una familia de Dios.

Establece:
Al dar pasos maduros en las decisiones tomadas, sabiduría en nuestras elecciones, entonces podemos con la ayuda del cielo establecer el deseo de casamiento.

Ningún noviazgo tiene sentido para el cielo si no tiene como intención el casamiento. Es de suma importancia que los que deseamos noviazgo establezcamos pensamientos, pensamientos y planes hacia la gran posibilidad de matrimonio.

Bíblicamente el noviazgo era y es lo que precede al matrimonio fuera de esta convicción es anti Bíblico. ¿Así que te pregunto para ti qué es el noviazgo? Una respuesta a esta pregunta ayudará a saber dónde estás en términos de convicciones al noviazgo y ayudará a ver si necesitas establecer algunas prioridades o remover algunas convicciones.

Cuando se establece el deseo de amar, de casarnos y tener una familia entonces el noviazgo es una bendición a largo plazo, allí establecemos, creamos y proveemos la oportunidad a un verdadero pequeño cielo aquí en la tierra.

Cuando la fórmula de *amar+casarnos+familia* no es lograda en el noviazgo cristiano, somos un reproche a lo que es el amor del cielo en lo que incumbe una relación de noviazgo. Es interesante notar que no se dice que Adán tuvo novias, **la primera que Dios le dio**

llegó a ser su esposa. Igual con Eva ¿quién fue su esposo?, su primer novio – Adán. Qué me dices de José, se dice que cuando llegó a tener 30 años le fue dado una esposa. Isaac le trajeron a su esposa, Jacob se enamoró de una sola mujer esperando 14 años para que fuera su esposa. Una experiencia tal valdría la pena buscar. ¿Tuvieron estos humanos grandes problemas? Sí. Pero cuando el cielo es involucrado se sobrevive a los problemas y se logra mantener "un cielo" en la tierra.

Ella no tenía educación profesional pero si el sentido del amor a Dios, y a la cosas Sagradas. Desde pequeña vio como hogares se desboronaban. Como personas ilusionadas hoy con alguien, mañana llorando por el dolor de ruptura de noviazgos. Ella más inteligente se propuso, estableció que no tendría novio a menos que estuviera segura que él iba a ser su esposo. Creyó en Dios. Oró a Dios y estableció en Dios solo tener novio si él iba a ser su compañero. Así ocurrió.

"¿Qué es ser cristiano? Es ser como Cristo; es hacer las obras de Cristo. Algunos fracasan en un punto, otros en otro. Algunos son naturalmente impacientes. Satanás comprende su debilidad y se las arregla para vencerlos vez tras vez. Pero nadie se desanime por esto. Cada vez que se levanten pequeñas molestias y dificultades, pedid a Dios en oración silenciosa que os dé fortaleza y gracia para sobrellevarlas pacientemente. Hay poder en el silencio; no habléis una palabra hasta que hayáis elevado vuestra petición al Dios del cielo. **Si siempre hacéis esto, pronto venceréis vuestro genio irascible, y tendréis un pequeño cielo aquí que os ayudará a ir al cielo."**

"Dios quiere que los suyos se limpien las manos y purifiquen los corazones. ¿Les traerá desgracia hacer esto? ¿Traerá desgracia a su familia si son bondadosos y pacientes, corteses y tolerantes? Lejos de eso. La bondad que manifiesten a su familia se reflejará sobre ellos. Esta es la obra que debería realizarse en el hogar. Si los miembros de la familia no están preparados para vivir en paz aquí, tampoco lo están para morar con la familia que se reunirá alrededor del gran trono blanco. . ."

"Debemos procurar apartar el pecado de nosotros, confiando en los méritos de la sangre de Cristo; y entonces en el día de la aflicción,

cuando el enemigo nos oprima, caminaremos entre los ángeles"
(En Lugares Celestiales pg. 30.)

Si no establecemos esto como prioridad en cualquier noviazgo
fracasaremos en cada intento. Por lo contrario los novios felices
son aquellos que de ante mano saben lo que quieren. Así que ellos
creen, buscan y establecen para lograr sus objetivos bajo la
dirección de Dios. Te reto entonces aquí que *busquemos* noviazgos
que *establezcan* el **cielo en la tierra** es mi oración.

8 - El Noviazgo Verdadero Atrae a Dios

"El casamiento es algo que afectará vuestra vida en este mundo y en el venidero. Una persona que sea sinceramente cristiana no hará progresar sus planes en esa dirección sin saber si Dios aprueba su conducta. No querrá elegir por su cuenta, sino que reconocerá que a Dios incumbe decidir por ella. No hemos de complacernos a nosotros mismos, pues Cristo no buscó su propio agrado. No quisiera que se me interpretara en el sentido de que una persona deba casarse con alguien a quien no ame. Esto sería un pecado. Pero no debe permitir que la fantasía y la naturaleza emotiva la conduzcan a la ruina. Dios requiere todo el corazón, los afectos supremos." (Hogar Cristiano pg. 34,35.)

El noviazgo verdadero puede identificarse bajo las siguientes características, el amor verdadero, la persona correcta y relación verdadera.

Me encontraba en el Este de Europa donde conocí la historia de una muchacha cristiana. Joven y deseosa de una relación de noviazgo tuvo su oportunidad de conocer a alguien de quien ella gustaba. Pero aun por encima de su gusto ella amaba y temía a Dios. Cuando la oportunidad de su vida llegó, ella no corrió a los brazos de la persona que gustaba sino al Señor.

Ella recuerda que cuando él le dijo que si ella quería ser su novia, el corazón le palpitó y no podía creer que le estuviera pidiendo eso. Sin embargo controló sus emociones y reflexionó y se preguntó ¿qué dice Dios? *Le dijo que le diera tiempo para orar y ayunar.* Al fin de un mes ella recibió la respuesta de Dios. La respuesta era no. Ella con dolor pero agradecida con Dios le informó su decisión. Este es un gran ejemplo de lo que debe regir nuestra vida. El verdadero noviazgo atrae tu persona a Dios.

El noviazgo verdadero es sensible a la dirección de Dios. Ningún joven cristiano deseará buscar una relación sin que Dios sea consultado. Creo que uno de los periodos y eventos en la vida juvenil es el noviazgo en el cual por decisión propia debemos "enamorarnos" de Dios antes de cualquier otra persona.

Así entonces quiero decir que "el temor a Dios es el principio de la sabiduría" (Proverbios 1:7,) en el noviazgo aquí presentado. *Este temor hará que el joven busque en las Escrituras las características del amor verdadero, la persona correcta y por ende la relación verdadera.* El noviazgo nacido en los planes del Señor realmente atrae a Dios. Ese noviazgo con las correctas convicciones y debida dirección llama la atención y da la bendición de Cristo.

El Amor Verdadero:
"Sembrad para vosotros en justicia, segad cosecha de amor. Arad vuestra tierra sin labrar, porque es tiempo de buscar al Eterno, hasta que venga y os enseñe justicia." (Oseas 10:12.)

Este Amor tiene su origen con Dios. La falta de creer esto hace que nuestras intenciones de noviazgo fracasen. Una y otra vez me he dado cuenta que este amor no funciona si Dios no es parte de la relación buscada. Repito, este amor no funciona si Dios no es parte de la relación deseada, creada y cuidada. El cielo por naturaleza odia el egoísmo. Este amor piensa en Dios, piensa en la otra persona, busca siempre dar. Está constantemente bendiciendo y protegiendo el amor, la reputación y carácter del receptor.

"El amor no hace mal al prójimo; así el amor es el cumplimiento de la Ley." (Romanos 13:10.)

Amor tal atrae tu mente, corazón y voluntad primeramente a Dios, Dios a ti y esta experiencia a la persona de tu elección. La verdad es que el amor verdadero atrae lo correcto, lo aprobado y lo bendecido. Todo afecto manifestado en tal relación será un amor honesto, fiel y transparente.

Él no era cristiano. La religión no le llamaba la atención pero conociendo a la que más tarde llegó a ser su novia conoció de Dios. No solo llegó a ser cristiano sino que se entregó al Ministerio de predicar el Evangelio. La persona verdaderamente cristiana jamás alejará a la gente de Dios, los atraerá y ella hizo esto con el que ahora es su esposo.

El verdadero amor "jamás" utilizará a la otra persona para sus propios intereses. Jamás la usará para satisfacer sus deseos. Será enemigo de tal acción. La falta de este amor verdadero traerá un alejamiento del temor a Dios.

La falta de respeto será manifestado y el gran peligro de manifestar egoísmo estará a las puertas. Cuán sabio es saber qué tipo de amor tenemos, que tipo de persona somos, del mundo o de Dios.

"Ruego, que vuestro amor abunde aún más y más, en ciencia y discernimiento," (Filipenses 1:9.)

El amor verdadero es controlado por la mente, el raciocinio y conciencia y no por las emociones. Se manifiesta de una manera que Dios es atraído a esa pareja.

La Persona Correcta:
"A todo esto apliqué mi corazón, para declarar que los justos, *los sabios y sus obras, están en la mano de Dios;* y que el hombre nada sabe del amor o del odio. Todo está ante él." (Eclesiastés 9:1.)

Hoy en día encontrar la persona correcta para el noviazgo y así para un casamiento aprobado es como buscar un granito de arena en la alfombra de tu casa. Tal vez pienses que exagero pero la ley de la realidad así lo afirma. Vivimos en una generación que maquilla todo. Le gusta lo instantáneo. Tiene un afán por lo rápido. Nos gusta comprar ahora a crédito y pagamos después. Tal vez podremos cambiar la compra mañana pero jamás es así con el amor, persona y destino. Divorciarnos podremos ¿pero a costa de qué?

Unos amigos cristianos me contaron la siguiente pero muy triste historia. Los dos cristianos, se conocían desde pequeños. Tres años de novios, todo florecía. Sin embargo lo más triste fue que al casarse, la señorita se puso a llorar incontrolablemente, no por dejar a sus padres, o perder su virginidad, sino porque le confesó a su esposo que ella era lesbiana y que estaba enamorada de su propia hermana.

El siguiente día este joven se divorció de ella. Joven si tú no abres tus ojos ahora, antes de casarte y conoces quien eres tú y la persona de tu elección tendrás que hacerlo en el día de mañana. En verdad lo que ocurrió fue que ella quiso cubrir una vida sin Dios y descontrol natural con un noviazgo sin Dios. Quiso engañar a la gente con su boda pero su verdadera entidad se dio a conocer.

Encontrar la persona correcta para nosotros los jóvenes cristianos requiere rogarle a Dios su ayuda y seguir sus consejos en su palabra. Nosotros por naturaleza solo podemos ver el físico, el exterior pero Dios ve el "corazón" (1 Samuel 16:6,7,) que es de suma importancia. Creo entonces que al *buscar la persona correcta nos hace amigos de Dios*.

"El Dios de todo saber es Jehová, y a Él toca el pesar las acciones", (1 Samuel. 2: 3.) Él sabe lo que realmente somos, qué necesitamos y quién realmente es la otra persona. Él sabe lo que ocurrirá con el destino nuestro al evitar o permitir esa persona en nuestra vida. "Todos los caminos del hombre son limpios en su propia opinión; pero Jehová pesa los espíritus", (Proverbios, 16:2.) Que maravillosa plataforma de milagros es el saber y aceptar que Dios sabe todo, Él es el único que nos puede dar a la persona correcta.

El deseo entonces de conseguir a la persona que nos hará feliz y a quien estaremos eternamente contentos de amar en las buenas y las malas, en la riqueza y pobreza, en la salud y enfermedad vendrá de una íntima relación con la Providencia. La verdad es que la persona correcta no es parte de nuestra naturaleza saber elegirla, tendemos a juzgar mal, a elegir equivocadamente.

La Relación Verdadera:
"Ama al Eterno tu Dios, atiende su voz, y únete a él. **Porque él es tu vida y la prolongación de tus días; a fin de que habites en la tierra que él juró dar a tus padres Abrahán, Isaac y Jacob". (Deuteronomio 30:20.)**

Tal relación requerirá dirección y ayuda Divina. Todas las personas que ponen su relación en sus manos deben lograr una confianza suficiente para saber que Dios es poderosamente capaz de ayudar y cuidar nuestros pasos hacia la relación verdadera.

Cuando lo conocí estaba solo, siempre se preguntaba, "¿Cuándo llegará mi compañera?" años pasaron y seguía solo. Pero la lección aquí es que usó su soltería para servir en la causa del cielo. Fiel a Dios, a la religión se encontró con una experiencia que lo forzó a cambiar de vida, residencia y experiencias. En lo que en un momento pareció ser desgracia fue la puerta que lo lleva a la que ahora es su esposa en tierras lejanas de su país. Reconocer la Providencia es algo que pagará bien a la juventud cristiana.

Para lograr una relación verdadera se hace necesario y prioritario lograr una relación verdadera con Dios. De igual manera para cuidar la relación verdadera debemos implorar constantemente en oración, el joven que quiera victoria en su relación debe ser una persona de oración, de intima consagración y persistente en las cosas buenas y honestas.

Las pautas, consejos y dirección en nuestros noviazgos deben venir de la palabra Sagrada. La Biblia es el mejor libro de consejos para la juventud cristiana en cuanto al amor, noviazgo y claro el matrimonio. "Dirige mis pasos de acuerdo a tu Palabra." (Salmos 119:133.)

"Si hay un asunto que debiera considerarse con razonamiento sereno y criterio desapasionado, es el asunto del matrimonio. Si alguna vez se hace necesaria la Biblia como consejera, es antes de dar un paso que ata a dos personas para toda la vida." (Mensajes Para Los Jóvenes pg. 444.)

Nada de malo hay en buscar sabiduría de los hombres y mujeres de mayor experiencia quienes hablan por su propia vivencia, también debe buscarse la ayuda de nuestros padres y hermanos de iglesia. Hasta donde sea posible estas pláticas y busca de consejos que sean de personas de experiencia o adultas de confianza.

En el proceso de buscar y lograr la bendición es importante ejercer el poder de la meditación en lugares apropiados para la revolución mental, emocional bajo el manto de Dios. Debe pensarse y hacerse cuantas preguntas sean necesarias para saber si Dios está de acuerdo, si esta es la persona y si podemos avanzar en una relación. Recuerda que buscamos una relación correcta.

Como hombres y mujeres debemos averiguar, preguntarnos y conocer nuestros motivos, es necesario saber qué es lo que nos está inspirando, influenciando o motivando entrar en una amistad y relación. Todo lo que no sea bueno, puro y futurístico en términos de relación no será apropiado, ni bendecido.

Como consejo extra recomiendo la importancia *del ayuno* a todo joven cristiano. Esto proveerá dirección a todo joven confundido, sin saber qué hacer. Es increíble lo que logra el ayuno, la oración, meditación. Da la capacidad de que uno tome decisiones serias, precisas y consistentes con nuestras creencias. En todo esto Dios se manifiesta y contesta no siempre a nuestro gusto, placer pero si responde a su tiempo y de acuerdo a su voluntad para el cumplimiento de nuestro destino.

"Para ciertas cosas, el ayuno y la oración son recomendados y apropiados. En la mano de Dios son un medio de limpiar el corazón y de fomentar la buena disposición. Obtenemos respuesta a nuestras oraciones porque humillamos nuestras almas delante de Dios." (Consejos Sobre el Régimen Alimenticio pg. 322.)

Finalmente querer manifestar el amor verdadero, encontrar la persona correcta y crear y lograr la relación correcta nos acercará y atraerá a Dios. La oración y estudio de su palabra y gran deseo de su santa dirección nos llevarán a nuestro Padre celestial. Recuerda no hay verdadera relación si no logramos la fórmula:

Joven + Dios + señorita = relación verdadera.

Señorita + Dios + joven = relación verdadera.

Entonces el noviazgo cristiano hará de nosotros y nuestro noviazgo personas estables, maduras y sin duda alguna, más enamorados de Dios, del amor verdadero y de un noviazgo que verdaderamente dará envidia.

Los 10 Errores Para Tener un Noviazgo Miserable

Estos diez errores para tener un *'noviazgo miserable'* salen de la biblioteca de la experiencia de cientos de jóvenes que en diferentes edades y países a gritos quisieran decirnos, 'me equivoqué pero no sé cómo decirlo'.

Así que aquí están los diez errores que evitados pueden encaminarnos a una bella relación, practicados nos regalarán un miserable noviazgo y si somos fieles y constantes en ellos un desastroso matrimonio.

- ✓ **Error # 1: "Haz de la persona de atracción tu ídolo."**
- ✓ **Error # 2 "Asegúrate que su imagen ella/él esté a la vista de todos."**
- ✓ **Error # 3. "Toma el noviazgo en vano para que te vaya…."**
- ✓ **Error # 4. "Pasa todo el tiempo que puedas con ella/él y especialmente asegúrate que sea a solas".**
- ✓ **Error # 5 "Por favor deshonra a tus padres – la clave es desobedéceles sus consejos".**
- ✓ **Error # 6. "Mata el amor verdadero."**
- ✓ **Error # 7. "Asegúrate de la fornicación."**
- ✓ **Error # 8. "Róbate su tiempo, inocencia y si puedes la virginidad".**
- ✓ **Error # 9. "Peléate a toda costa y habla mal de ella/él".**
- ✓ **Error #10. "Queriendo lo que no tienes".**

En relación a esto el pastor Tucker escribió: **"Yo creo que muchos matrimonios terminan muy mal porque las parejas han tenido una mala relación de noviazgo. Aprendiendo a tener un noviazgo más inteligente podría producirse una gran oportunidad en el   éxito de encontrar una relación satisfactoria". (Leyes del Noviazgo pg. 7,) por (Mike Tucker.)**

Una joven cristiana nos cuenta, "Mis hermanos eran muy protectores, pero aun así llegue a tener un novio, los meses pasaron y terminó mi relación con él. Queriendo superar mi situación viajé a mi país prometiéndome no tener ningún otro novio por un tiempo. Todos tenemos males de carácter pero algunos sabemos disfrazarlo. Así que llegué a familiarizarme con el nuevo pastor, joven, inteligente y atractivo a mis ojos. Qué mejor que un pastor – me dije. Me casé y nuestro matrimonio duró nueve años y cuatro hijos."

"Mi error más grande fue dar por sentado que era pastor y por lo tanto él era un ángel, era lo máximo. Después de la boda todo cambió, la bella novia se volvió una sierva de casa, si no obedecía me pegaba. La verdad es que me equivoqué al juzgar su carácter, con el público y conmigo antes de casarnos era una cosa, después llegó a ser él en verdad. Lo tuve que dejar ya no pude vivir con alguien así."

Haríamos mucho bien e invertiríamos para nuestra propia felicidad si mucho antes de tener un noviazgo examináramos nuestro carácter y el de la persona con quien gustaríamos casarnos. Son nuestras decisiones las que siembran el futuro de nuestro noviazgo. Los noviazgos miserables, llenos de placer, satisfacciones instantáneas e irrespetuosas a los consejos llegarán a la desgracia matrimonial.

9 - "Haz de la Persona de Atracción, tu Ídolo."

"Avergüéncense todos los que sirven a las imágenes, los que se glorían de los ídolos." (Salmos 97:7.)

Los noviazgos generalmente tienen como base el amor ya sea que la persona lo entienda o no. De la noche a la mañana hay amor y todo se vuelve hermoso y posible.

El Error número uno para tener un noviazgo miserable es: "haz de la persona de atracción tu ídolo." ¿Qué quiere decir esto? Bueno en este error la pareja se ama tanto que la única realidad que los rodea es su relación. Nada más importa, solo su noviazgo. *Este noviazgo se vuelve su religión.*

En esta condición de amor falso el joven hace de *su relación un altar.* Todo debe involucrar su relación o no hay plática, familia, viaje, trabajo o iglesia. Como dice Enrique Iglesias, "eres mi religión". No hay ciencia, religión o libro que no sea "tú y yo" en el sentido más limitado, ellos y los dos y solos en su mundo irreal. Ella o él *es el dios que ahora adoran.*

María quien tenía 17 años y José 19 se conoció en la iglesia, específicamente en la clase juvenil. José se aventuró a invitarla a salir y ella aceptó. Las circunstancias se dieron y nació su noviazgo. Esta señorita le gustaba adorar a Dios con el canto y siempre colaboraba en su iglesia, José era líder de estudios Bíblicos.

Semanas trascurrieron en esta nueva y cristiana relación y no mucho tiempo después no tan solo asistir a la iglesia interfería en la relación, las ausencias eran cada vez más visibles. María por encontrarse con José en algún otro lugar menos la iglesia, dejó finalmente de colaborar y adorar en la iglesia. José por el otro lado sobrevivió por unos meses más pero no tardó en mostrar los síntomas de su amor enfermo por María que pronto pidió que alguien más ocupara su lugar para dirigir los estudios.

En el concepto de ellos su amor era más importante, su prioridad era tener estar todos los tiempos juntos. Esto hizo que siempre estuvieran juntos en la escuela, en la iglesia, en la tienda, en sus ejercicios, los Domingos y casi todos los días.

En cuanto él se alejaba de la casa de María el teléfono sonaba y allí estaban ambos nuevamente. En ambos hogares la plática en la comida, ropa y sermón eran María y José.

La propia María me contaba como mujer cristiana, "me enamoré de tal manera de José que perdí el deseo de orar, la oración fue suplementada con pláticas sobre mi novio, cuando no lo miraba se me quitaba el hambre, el deseo de cumplir con mis responsabilidades. Me duele reconocerlo pero él se volvió mi ídolo. Ya no leía mi Biblia y terminé adorando a José en lugar de nuestro Dios."

José no estaba lejos de esta actitud. María era el centro de su atención. Cuando ella estaba con su familia y él llegaba, ella debía dejarlos para atender a José. Todo lo que ella quería era realizado por él como símbolo de su amor.

Estos jóvenes cristianos aplicaron el primer error tenían toda la atención del uno al otro de tal manera que Dios, iglesia, padres y amigos ocuparon el segundo lugar en sus vidas. Idolatraron su propia personalidad y así practicaron el primer error que no solo los llevó lejos de Dios, muy cerca el uno al otro que literalmente echaron a perder la oportunidad de un bendito noviazgo y matrimonio.

¿Qué perspectiva tienes tú de una relación de noviazgo, Qué tipo de noviazgo tienes, Qué tipo de noviazgo quisieras?

10 - "Asegúrate Que su Imagen de Ella/Él Esté a la Vista de Todos."

"Maldito el hombre que haga escultura *o funda imagen alguna,* abominación para el Eterno, obra de artífice, y la ponga en oculto'. Y todo el pueblo responderá: '¡Amén!'(Deuteronomio 27:15.)

En este error los "novios" tienen el amor carnal activo el uno al otro tan elevado que la persona de ella o él llega ser el centro *de atracción y adoración no solo entre ellos sino que es su deseo de ambos que lo sea de terceras personas* – familia, miembros de la iglesia y amigos. Allí está vivo el segundo error para un miserable noviazgo.

En el caso de ella es fiel promotora de la belleza de su novio. Le encanta resaltar la manera en que habla y la hombría de su varón. Él debe ser reconocido por los que la rodean en lo físico, eso la hace a ella feliz y llena su mundo de absurdas fantasías.

Ella no puede ni debe dejar de resaltar la intelectualidad de su novio, le gusta que él sobresalga sobre los demás aunque en su interior él sea envidioso, rudo y manipulador. La atención de los demás debe estar en él. Le encanta señalar que él estudia en la Universidad, trabaja en tal cosa y cuando quieran él les puede ayudar en esto y aquello. Para ella él "lo sabe todo".

A él le agrada estar entre sus amigos más cercanos señalar la belleza de su novia, discretamente y en muchas ocasiones indiscretamente las curvas del cuerpo de su novia. ¡Oh! es tan específico que sus ojos, la nariz y pechos no pueden faltar en su descripción.

Él no trata sino *quiere* que los demás jóvenes lo elogien por tener tan linda y esbelta novia. **Él y ella hacen como buenos artistas una imagen de adoración en las mentes de los demás.** Él y ella toman, y roban el tiempo de los demás. *Siempre* se la pasan preguntando cuando no están juntos ¿Dónde estará? ¿Qué está haciendo? Lo más interesante es que cuando están orando se olvidan de los otros, los demás no existen. ¡Ah! pero los demás si deben *orar por ellos* para que "Dios los bendiga". Te pregunto, ¿conoces a alguien así?

Fieles al error que hace miserable su noviazgo, este tipo de jóvenes no son paganos, porque en sus Biblias tienen notas y fotos de ella o él. En el servicio se están escribiendo notitas o enviando mensajes de texto. Sin titubear se adoran porque ellos se han vuelto "diositos" para cada uno.

Para lograr un noviazgo que en sus fines será desgraciado, hacen que la imagen/foto de él o ella la vean todos, que todos estén conscientes de que existen. En otras palabras ellos no descansan hasta que todos sepan lo que atrae, aman y reverencian en el corazón de estos jóvenes. Son fieles locutores de su relación.

Finalmente estos jóvenes cristianos fiel al error hacen que su foto esté en su billetera, *en todas partes de su cuarto*, en la carpeta de clases, no puede faltar en la Biblia para verla cuando el sermón esté aburrido y sobre todo en este periodo tan liberal y lleno de tecnología no puede faltar estar en "my space, yahoo, hotmail, facebook, twitter, hi5, página para solteros, busca amor, etc., etc." o algo por el estilo.

Ellos entienden *que publicidad* de cada uno permite que su noviazgo vaya hacia adelante, reverenciado por ellos mismos y buscando que los demás los adoren pero sin estar conscientes que todo lo que los lleve a hacer del otro su "imagen de adoración" no lleva la aprobación de Dios porque su palabra dice: "No te harás imagen, ni ninguna semejanza de lo que hay arriba en el cielo, ni abajo en la tierra." (Éxodo 20:4.)

Fue la noticia del mes. La práctica de este error llevó la vida de dos jóvenes a la desgracia. Como de costumbre la muchacha le dio fotos de su persona a su novio. Él con agrado la lucía a sus compañeros. Pero un día ella fue al extremo en satisfacer el deseo de su novio le envió una foto de su persona desnuda. Su novio fiel a este error no solo la disfrutó sino que se la envió a su amigo y su amigo a sus amigos y así finalmente llegó a todo el colegio. La señorita después de saber lo sucedido se suicidó porque no pudo vivir con la vergüenza ocurrida. Esta fue una noticia que conmovió a todo Estados Unidos. Mi pregunta es ¿Qué habrá pasado en la mente de ese joven después de la muerte de su novia, valdría la pena lucirla y desvergonzarla ante los demás, tendrá paz después de lo ocurrido?

¿De 1 – 10 qué lugar ocupa Dios en tu noviazgo? ¿De 1 – 10 qué lugar ocupa tu novia o novio en tu mente? Tus respuestas te dirán si estás o no practicando este mandamiento.

11 - "Toma el Noviazgo en Vano Para Que te Vaya...."

"Todas las mujeres que han quedado en casa del rey de Judá, serán llevadas a los príncipes del rey de Babilonia. *Y ellas mismas dirán: 'Tus amigos te engañaron, y prevalecieron contra ti.* Hundieron tus pies en el cieno, y se volvieron atrás'."(Jeremías 38:22.)

Este es el error más obedecido por los jóvenes que profesan sumisión a la fe cristiana. Este es el mandato que permite el noviazgo por cualquier otra razón menos para honrar a Dios y casarse.

Bajo esta ley es común que los jóvenes no sean serios. El noviazgo es el centro de la mentira, del amor falso. Aquí los jóvenes se hablan porque se sienten solos, abrazan y besan por un deseo carnal y muchas veces porque les faltó un padre o una madre y como nunca recibieron ese amor de padres, lo buscan en algún joven. Esto es lo que inició la necesidad de una relación y establece una base falsa para su amor futuro.

Era uno de los profesores cristianos del colegio. Era joven y orgulloso de su habilidad de conquista. Tenía buen record de conquista. Bueno para predicar en la iglesia y creativo para acallar a toda sospecha de inmoralidad. Lo más irracional y vergonzoso de parte de este "joven cristiano" es que todas sus relaciones eran con señoritas que en teoría eran muy religiosas pero siempre terminaban acostándose con él (dicho por el mismo a sus amigos íntimos).

Su historia privada terminó cuando en una de sus relaciones lo encontraron con su novia en posiciones ilícitas dentro del mismo templo. Aunque profesaba la religión, el noviazgo era sencillamente el manto con el cual cubrir su inmoralidad y falta de amor a Dios. Así como este individuo sobreabundan muchos más dentro del cristianismo.

Ellos no entienden que el principio del noviazgo con futuro es el deseo de casarse. Ellos aquí rebajan el noviazgo a una tienda, tienda donde pueden encontrar todo lo que quieren, piensan que se puede comprar con palabras bonitas, mentiras fantásticas que les encanta a *las mujeres y los muchachos in – conversos. Son buenos en el arte de conquistar.*

Allí estaba otra vez Roberto – *"Platicamos", "Me gustas", "Podemos ser amigos",* en el afán de demostrar de que él no perdía cada vez que terminaba una relación, buscando otra nueva. Para él, el noviazgo era una aventura, un periodo de distracción y satisfacción momentánea. No era lo que él buscaba pero su actitud y comportamiento en este aspecto lo llevó a tomar en vano el sagrado noviazgo.

"Yo te entrego de la sinagoga de Satanás, *a los que dicen ser judíos (cristianos) y no lo son, sino que mienten.* Los obligaré a que vengan y se postren a tus pies, y sepan que yo te he amado." (Apocalipsis, 3:9.)

Aquí los jóvenes niegan la responsabilidad que incumbe un noviazgo serio y lo vuelven algo 'común'. Expresan en su conciencia, "Tengo novia o novio porque mi amigo tiene uno". "Ella es mi novia porque me gusta su sonrisa". Este tipo de personas si tienen un noviazgo, pero no entienden del porqué de un noviazgo cristiano. Su noviazgo está limitado a sus creencias liberales, pasiones y es completamente condicional, porque que si se sienten bien tratan de hacer feliz a la otra persona, si se sienten solos son buenos para consumir el tiempo de su *'novio' o amigo especial para contarle todas su penas y en muchas ocasiones sus traumas, si esto no es logrado terminan y siguen con el 'otro, otra'.* Solo buscan satisfacción mental, emocional y muchas veces físicas momentáneamente.

En este error no hay objetivos, sino solo un pasatiempo. Ambos se gustan, se aprecian, y ayudan a estar parcialmente contentos. Están bien conscientes que en el noviazgo tal no hay compromisos y que cuando se cansan el uno del otro pasan a la siguiente persona de su agrado y listo, así son fieles creyentes de "tomar el noviazgo en vano".

Estos jóvenes toman el nombre del noviazgo en vano y de este modo ellos aseguran que al final les vaya bien mal. De esta manera siembran deshonestidad, hipocresía e inestabilidad.

Deshonestidad porque no son honestos a la verdad que el verdadero noviazgo es para los que quieren casarse. *Hipocresía* porque todo lo contrario al verdadero amor en su nombre practican sus deseos y así lo que hacen es hipocresía en el contexto del verdadero amor porque lo practicado es mentira. 'Beso porque te amo' - expresan, 'hagamos sexo porque me amas', todo lo que motiva en su interior es carnal y no amor verdadero y así se vuelve hipócrita.

"Por tanto, el Señor no se complacerá en sus jóvenes, ni de sus huérfanos y viudas tendrá lástima; *porque todos son falsos y malignos, y toda boca habla insensateces.* Con todo, no ha cesado su enojo, antes su mano sigue aún extendida." (Isaías 9:17.)

Inestabilidad porque estaremos solo tratando de conocer a alguien, dando un poquito de nuestro interior, donde quiera se comparte así nuestros sentimientos tanto como tengamos novios a corto plazo provocará inestabilidad emocional.

Esta actitud en el noviazgo liberal, carnal y pagano nos divide tanto que finalmente destruye nuestra personalidad, nos trae desbalance emocional que el joven termina no recibiendo, sino ofreciendo un poquito de amor, emociones y palabras que trae a los jóvenes a sus fracasos ya sea en que no son estables emocionalmente o terminan cediendo al que mejor les hable, no el mejor cristiano, temeroso de Dios y consagrado a su fe y así viviendo el tercer error de manera sistemática, "toma el noviazgo en vano para que te vaya bien…" mal.

Joven y señorita recordemos que las pérdidas son internas, la bancarrota emocional tiene sus consecuencias en la vida y he allí el semillero de arbustos y hiervas mala en la vida de este individuo. ¿Quieres saber el origen de alguien que es sensible al maltrato, que no confía y es celoso/a? Solo es necesario ver su pasado. La respuesta a muchas vidas desgraciadas hoy día está en el tipo de relaciones que han tenido.

¿Eres honesto, estable y fiel? O ¿Eres Deshonesto, hipócrita e inestable? Tu respuesta dirá mucho.

12 - "Pasa Todo el Tiempo Que Puedas Con Ella/Él y Especialmente Asegúrate Que Sea a Solas"

"Sus propias iniquidades atrapan al impío, y su propio pecado lo sujeta como un lazo." (Proverbios 5:22.)

Indiscutiblemente cada noviazgo requiere de nuestra atención, es el eje de comportamiento de tales personas involucradas, darle tiempo. La vida de un noviazgo necesita y sabes, es vida darle su atención y tiempo.

Sin embargo en el cuarto error nos invita a que no seamos racionales sino imprudentes en el aspecto de tiempo y lugar. Aquí es prometido dar *no* atención, tiempo y cuidado que es necesario *sino toda* atención, *todo el tiempo* y se busca *un enfermizo cuidado* y amor de la otra persona en lugares equivocados.

En este afán de manifestarse el amor en esta relación, la pareja siempre, busca no solo estar todo el tiempo juntos sino que lo desean a solas. Están juntos en casa, en la escuela, iglesia y cuando no pueden lo logran por el teléfono, internet o mensaje de texto. No pueden estar quietos, no respiran si no tienen al compañero al lado o en su control consciente o inconscientemente.

El lema de tales personas es **"no puedo vivir sin ti".** Debido a su fidelidad a este error cuando deberían estar descansando están hablando, cuando deberían estar trabajando están solucionando o explicando algo que les molestó. Cuando debería estar en la iglesia están a solas en su casa, cuarto o carro. Es interesante pero en este periodo son buenos para dar excusas con tal de estar juntos. Siempre están buscando privacidad.

"A él no le gusta que esté sola, pero si le gusta que estemos solos, ya no sé qué hacer" –explicaba. "nuestra relación ha llegado a un nivel de intimidad que sé que no está bien pero me gusta. Ore por mí". Esta es la historia de una joven cristiana que refleja la realidad de muchas otras parejas.

Se vuelven los mejores consejeros, ella es la mejor mujer y él, él único que la entiende, escucha y puede ayudar, según ella. Estos jóvenes pierden la noción del tiempo. Se les quita el hambre si no están juntos o hablando por teléfono.

Lo más interesante y lindo para ellos es que se aman tanto que no tienen tiempo para Dios, orar y asistir a los servicios de la iglesia. Su familia es secundaria en su atención, sus amigos ya no pueden hablar con ellos porque están "súper" ocupados. La clave para ellos ahora en esta relación, es que se debe evadir a todo el que 'les quite el tiempo'.

Los enemigos a este error es todo lo espiritual, la meditación, la lectura de la Biblia o algún buen libro es posible si ambos están juntos y 'solos'. Los amigos que interrumpan son despreciados y se les dice que no entienden. Los familiares son ignorados. Si los padres tratan de llamarles la atención se vuelven los terroristas del siglo, que odian y son amenaza para su relación.

Recuerdo una relación así, jóvenes educados en hogares cristianos. La muchacha era hasta donde se veía muy cristiana. Acompañaba a sus padres a los servicios de la iglesia y siempre estudiaba la lección de la clase juvenil. Era número uno en su escuela. Estaba por graduarse de su carrera cuando conoció a Ignacio quien tenía el arte de conquistar y en su nueva aventura logró la atención de Andrea.

Curiosamente nos sorprendió ver a Ignacio llegar a la iglesia más seguido. Vestido de una manera muy apropiada y comentaba y estaba muy dispuesto a ayudar a cualquiera en la iglesia si necesitaba ayuda. Finalmente se supo que eran novios y se los empezó a ver juntos. Juntos a la escuela, juntos en la iglesia *y cuando se le llamaba a Andrea para que ayudara en esto o aquello no podía porque estaba con Ignacio estudiando la Biblia a solas.* Tan espirituales se volvieron que leían la Biblia o un libro religioso juntos por teléfono todos los días.

Los meses pasaron y todos empezaban a resaltar que ellos no hacían nada sino era junto. Lo próximo que ocurrió fue que andaban tanto tiempo junto que ella terminó embarazada, él fuera de la iglesia, sin trabajo Andrea se vio obligada a seguir en la escuela y de juntarse literalmente con Ignacio sin casarse porque no tenían dinero para la boda. Hasta hoy viven juntos pero son una desgracia el uno para el otro. Este es un vivo ejemplo de muchos que practican el error de "pasa todo el tiempo con ella/él y especialmente a solas."

Para mantenernos fiel a este error debemos hacer que todos nos "entiendan" que no hay nada más preocupante que lo que le pasa a él o ella. Por lo tanto se debe perder la sensibilidad a la necesidad de los demás, los consejos de los padres se escuchan pero sin practicarlos. Cada vez que una amiga/o nos diga que estamos mal, debemos decirle que 'un día me entenderás'.

Eso sí, como no son independientes todavía ellos necesitan dinero para salir, el carro de papá y la niña un celular con todas las opciones de la tecnología. Sus gustos deben ser suplidos por padres amantes, caprichos satisfechos porque si no "me voy de la casa."

"Mamá debe darme su tiempo para mostrarme como vestir e ir conmigo a comprar más ropa para verme bien." Este tipo de madre tiene que cocinar para el novio, debe atenderlo bien porque si no lo hace ella, "no me quiere" – dice ella, especialmente cuando yo estoy ocupada con él en el cuarto o viendo una película.

Los jóvenes dicen: "Mis amigos y hermanos deben saber que estamos enamorados, y por lo tanto no deben cuestionar nuestras salidas, pláticas y planes. La verdad es que todos deben apoyarnos y permitir que nuestro tiempo juntos sea el mejor." De esta manera la fantasía pueda durar más.

En fin importante en este error es que consagremos mucho tiempo a solas para explorar el cuerpo del uno y del otro y con la verdad satánica que "no les irá mal, saldrán más sabios e inteligentes que Dios." Nada de esto es posible si se pierde la lección aquí expuesta, dar tiempo, tiempo, tiempo a la relación y hasta donde sea posible a solas.

Los jóvenes fieles al error aquí expuesto no entienden y no tratan de comprender que, **"Todo lo que se quiere debajo del cielo tiene su tiempo, todo tiene su tiempo, todo tiene su hora."** (Eclesiastés 3:1.)

13 - "Por Favor Deshonra a Tus Padres"

"Habrá hombres amantes de sí mismos, avaros, vanagloriosos, soberbios, blasfemos, desobedientes a los padres, ingratos, impíos," (2Timoteo 3:2.)

La vida tiene sus historias para contar, las más interesantes son aquellas que escribimos en nuestra experiencia juvenil. La voz más poderosa es aquella que habla con nuestros hechos y ellos han escrito documentales extensos.

Debe repetirse que en la vida todo está basado en una elección desde que nacemos y morimos, lo sepamos o no es nuestra naturaleza que establece esa realidad. Nosotros los jóvenes decidimos por si mismos que pensar, desear y hacer. **Todo está en nuestras manos en el sentido que tarde que temprano sabremos realizar que nada ocurre sin antes haberse ejecutado el poder de la elección, decisión a favor o en contra de algo.**

En este contexto en la elección o decisión nosotros decidimos en algún momento honrar o deshonrar a nuestros padres. Sin embargo es común que cuando los jóvenes experimentan el noviazgo se ciegan a su capricho, voluntad y deseo amoroso. Misteriosamente empieza una guerra contra los consejos de los padres y al final de manera consciente se llega a deshonrar a los seres más queridos – los padres.

Allí estaba la muchachita cristiana cumpliendo sus quince años, todo aparentaba estar bien y muy contenta. No había novios, amiguitos y era la alegría de sus padres. Entre los amigos de los padres había un hermano con la edad de 45 años a quien la jovencita frecuentaba mucho, para ella o mejor dicho el público, era su padre especial, su consejero y todos se lo creyeron. Pero no pasó tal vez un año para saberse que él la había conquistado como mujer. Tanto fue que él lo negó hasta que se supo que se la quiso robar, llevarla lejos de su país. Gracias a Dios ella abrió los ojos y aprendió su lección.

La verdad de este mandamientos es que los padres se rebajan a nada, no tienen autoridad, no tienen sabiduría que compartir, solo son un estorbo en nuestra presente experiencia. Todo lo que dicen aburre, molesta y enoja. Ellos son invasores indecibles que deben ser desechados y así se práctica el poder de la deshonra.

Realidad de realidades es que cuando se trata del noviazgo muchos deciden ser fieles a este error y por mantener un noviazgo no aprobado, se proponen "honrar" a la persona de su gusto, elección a costo de la "deshonra" a los padres, amigos o tutores.

¿Cómo es realizado esto? Todo esto es posible cuando:

- No se hacen comentarios de que les gusta alguien.
- No se dice nada de que alguien nos está hablando.
- No se comenta de que alguien nos está atrayendo.
- No se dice nada que alguien nos está tratando de enamorar.
- El silencio de alguna amistad secreta es amigo de la mentira.
- Escribir cartas, emails, mensaje de textos o cualquier nota sin que nadie lo sepa.
- Verse en algún lugar privado sin el conocimiento o consentimiento de los padres es fidelidad al mandamiento.
- Quedarse en la casa del amigo o amiga con otros fines sin decirle la verdad a los padres.
- Solo decirle a ese amigo o amiga que sabemos NO nos dirá nada en contra de tal amistad.

Estos puntos son algunos que contribuyen a la deshonra de nuestros padres cuando se trata de guardar el mandamiento.

"No hurtarás" fueron palabras escritas por el dedo de Dios sobre las tablas de piedra, ¡y no obstante cuántos ocultos robos de afectos se llevan a cabo y se excusan! Se emprende un noviazgo engañoso, se mantienen relaciones ocultas, hasta que los afectos de la inexperta, que no sabe hasta qué punto pueden llegar esas cosas, son en cierta medida enajenados de sus padres para ser puestos sobre aquel que por su misma conducta se está manifestando indigno del amor de ella. La Biblia condena toda clase de deshonestidad, y demanda rectitud en toda circunstancia." (Hijos e Hijas de Dios pg. 65.)

En breve todo el que honra este error tarde que temprano deshonra a sus padres al negarles toda información de lo que ocurre en la vida ya sea cosas buenas o malas. Las mentiras blancas son amigas de este concepto.

Alguien me contaba que su novia podía salir de la casa con cualquier excusa porque sus padres le confiaban todo. Un día el novio quiso verla en un hotel pensando que ella diría que no y cuál fue su sorpresa que ella con gusto aceptó. El joven le preguntó ¿y tus padres no cuestionarán a dónde irás o estarás? - y ella contestó, "tranquilo yo sé que decirles y ellos siempre me creen."

La verdad es que para deshonrar a nuestros padres solo tenemos que callar alguna relación con alguna otra persona. Todo noviazgo sin el conocimiento del público y especialmente de nuestros padres es el camino a un noviazgo desgraciado y de seguro miserable.

Me contaba un hermano que su hijo estaba inquieto por tener internet. El me preguntaba, porqué era que su muchacho estaba tan inquieto en tener acceso al internet, le dije la verdad no sé pero ¿dígame quiénes son sus amigos? Me contestó que no los conocía, que todos eran de la escuela, ¿le pregunté si era una escuela cristiana? Me dijo que no. Es probable le dije que quiera tener acceso a más información para sus clases. Después de un año el padre me contaba que le puso internet "en su cuarto" y su sorpresa fue que no era para sus clases, sino porque tenía una "novia" por internet que lo indujo a la práctica del vicio silencioso y droga.

Entonces los jóvenes que son fieles a este error son "astutos" para evadir a sus padres, pastores y amigos espirituales. Saben mentirles dentro de la fe cristiana. ¿A dónde van? Les preguntan y ellos contestan "a visitar al hno. Tal". "A estudiar la clase de iglesia." "A preparar un programa". Etc. Ellos saben aplicar la palabra "privado" y su relación o "amistad" es tan secreta que todo pasa desapercibido con todas las razones y excusas que dan.

En una de nuestras universidades cristianas mientras los jóvenes estaban en sus clases, otros que habían salido con la excusa de visitar a unos maestros para buscar más información sobre una de las clases recibidas fueron encontrados explorando el físico de cada uno. Lo más triste y abominable es que estaban en el sótano de la iglesia de tal Universidad. Y debemos saber que eran jóvenes ya maduros, cristianos y líderes de iglesia.

La clave entonces para mantener vivo este error es que todo joven se proponga desobedecer, mentir, esconder todo a sus padres. De esto se trata el noviazgo que el diablo aprueba.

En Norte América vive una muchacha que tenía todo, belleza, inteligencia y capacidad para un futuro prometedor. El único problema era que no escuchaba a sus padres, cualquier consejo era rechazado. Muchos jóvenes cristianos le propusieron una relación seria y matrimonio. ¡No quiso! Ella buscaba belleza bajo su criterio, alguien apto y guapo, con medios que prometieran el lujo. Lo que encontró en su desdichada elección fue un novio mundano, mujeriego y un embarazo. Hoy día tiene un bebé, deudas, preocupaciones, lamentaciones, heridas y unos padres chasqueados. ¡Ah! y de paso está sola. ¡Nuestras elecciones tienen consecuencias!

14 - "Mata el Amor Verdadero"

"Si un azote mata de repente, se ríe de la prueba de los inocentes." (Job 9:23.)

Llegar a este punto en la relación los jóvenes ya se han asegurado que la realidad y responsabilidad del noviazgo sea negada y desaprobada. En esta etapa y condición intelectual no es difícil convertirnos en asesinos de lo recto, puro y santo del noviazgo. Es asunto de tiempo para matar el amor verdadero en tu noviazgo.

El primer paso para ser asesinos del amor verdadero es ignorar que el amor que permanece para siempre proviene de Dios. Este tipo de jóvenes realmente lo que hacen es que no conocen a Dios sino que lo ignoran. No estudian su palabra para conocer su amor y evitar que el falso amor controle.

El pastor los visitó, en el transcurso de la plática les preguntó cuál era la razón del deseo de casarse. La joven interrumpió y dijo: "hacer la obra de Dios juntos". Innumerables pláticas se dieron a esta pareja de jóvenes, pero tercos a su decisión empezaron una relación en contra de la voluntad de los padres. Razones de esta oposición era que él no le gustaba trabajar y ella todavía estaba en la escuela. Además las consecuencias de sus errores pasados seguía la vida del joven.

A pesar de todo se casaron para pronto encontrarse con la cruda realidad que *todos* tenían razón, menos ellos. Eran incompatibles. Más tarde cuando los problemas surgieron, no sobrevivieron porque la infatuación había pasado y no había amor para enfrentar los retos de todo matrimonio. Como pareja desgraciada en su elección lograron realizar *mucha obra* pero nada sobre la obra de Dios. El verdadero amor nunca vive en jóvenes que son tercos y voluntariamente ignoran la voluntad y el amor de Dios.

El segundo paso para matar el amor verdadero es que logramos un estado mental de engaño pensando que amor es solo emociones, que está basado en lo que vemos y que todo debe estar rodeado con atención para mí.

Oh él me adora dijo ella. Cómo lo sabes le dijo la madre. Me llama todos los días. Me da regalos y me dice las palabras más lindas. Quien era él, un don nadie, menor de edad. Encantado de los juegos electrónicos. Este mismo jovencito mientras tenía a esta joven cristiana, él tenía a sus amistades privadas por el internet. Las emociones erróneas no dejan ver el verdadero carácter de individuos. Se tuvieron que casar porque ella estaba esperando un bebé. Más tarde las emociones desaparecieron y la realidad salió a luz. Esta misma muchacha ilusionada quien en un momento se moría por este joven ahora solo piensa en divorciarse de él.

Se engañó y así mataron el privilegio de ver crecer el amor verdadero. Recuerda que el amor verdadero nunca, nunca muere.

El tercer paso para lograr un certificado de esta profesión común entre los jóvenes in-conversos es creer que el amor verdadero es solo pasión carnal. En otras palabras los que logran este grado de educación carnal dejan conscientemente que las acciones sean dirigidas por sus deseos, gustos y fantasías. La ambición física y sin erguía carnal suplementa el verdadero amor que es puro, consciente de sus acciones, santo en todos sus deseos y contrario a todo lo mencionado.

Le pregunté a un amigo que era lo que más le gustaba de su novia y su respuesta fue es que me gusta "como besa". Otro amigo cristiano en la secundaria expresó su placer al tener intimidad con su novia. "ella si sabe lo que quiere". Le dije que quiere ella, "acción, un hombre como yo". Otro me dijo sabes Miguel las más fáciles de lograr "intimidad son las cristianas". Esto si me dolió. La pregunta es ¿será verdad jóvenes profesas del cristianismo? Yo no creo que todas pero el testimonio de muchos así lo testifica.

El cuarto paso que nos lleva muy lejos menos al amor verdadero es que entramos al jueguito de *"terminamos hoy y regresamos mañana"*. Los pleitos insensatos son parte de la comida diaria, manifestamos en grado mayor mucha intolerancia. Los caprichos son parte integral en este proceso para no tener y matar todo lo que es verdadero en el amor del cielo. Todo esto nos permite graduarnos de "hipócritas cristianos" en el asunto del amor de Cristo.

"Les aviso públicamente" - dijo la muchacha a los hermanos de su congregación – "ya terminé con mi novio" (alguien conocido por ellos.). En esas mismas semanas ya estaba tratando con alguien más. No pasaron muchos días y allí estaban otra vez en la relación anterior. Juntitos otra vez. Una y otra vez se repite la historia, novios terminan hoy y comienzan mañana otra vez. Lo más feo es que nunca se quedan juntos.

Los enojos son el aire del día y todo porque no nos buscó la novia o novio, no nos llamó, llegó tarde, le dio más tiempo al padre, al amigo más que a mí, etc. Que estúpida razón para terminar y jugar al noviazgo. Lo más estúpido de un joven cristiano o señorita es que terminen porque ella o él no quisieron tener relaciones íntimas. Créeme que muchos han terminado por eso.

El quinto paso que permite la muerte del amor verdadero es la "enfermedad de celos". Este tipo de celos son aquellos que manifiesta desconfianza. Todo lo cuestiona y es casi siempre manifestado en un espíritu posesivo. Así que celando a tu pareja en todo es un buen veneno para matar al amor del que Dios quisiera ver en los jóvenes cristianos al entrar en un noviazgo.

"No quiere que vaya sola a la tienda, no quiere que tenga amigos, amigas" – decía ella. "Es muy celoso. Pero así lo quiero." Recuerdo de otra pareja que celaba a su novia. Un día eran tanto sus celos que se subió al techo de otra casa vecina para ver quien llegaba y entraba a la casa de su novia. De paso los dos eran cristianos.

Los celos son el medio que abre un hoyo para enterrar el amor verdadero de Dios. En este error es importantísimo que manifestemos control, que la novia o novio se reporten lo más seguido posible. Debemos saber lo que piensan, quieren y planean para que no se salgan de nuestro control. Si no tienen nuestra aprobación debe censurarse cualquier "actividad". Sin nosotros está prohibido toda salida, evento y servicio a alguien. Todo lo que involucre otras personas está condenado si no estoy allí.

El sexto escalón para subir al campo de muerte del amor verdadero es asegurarnos que en nuestro noviazgo falte el respeto en las palabras y declaro que las bromas, el sarcasmo y chistes son excelentes ingredientes que emparejan el camino para lograrlo. Practicar el error - "mata el amor verdadero" nace del poder de la voluntad que dicta "debemos gritarnos, decir cosas con doble sentido y sobre todo amenazar que si la otra persona no hace lo que queremos la relación terminará." Esto es magnífico especialmente cuando la persona es flemática, pero no te preocupes si no lo es, funciona en casi toda clase de caracteres.

Mientras visitaba a unos amigos en Centro América, me contaban la triste historia de un amigo, acababa de separarse de su esposa. La razón de la separación era abuso verbal y físico. Me comentaban que cuando ellos eran novios ellos bromeaban mucho, se peleaban exageradamente por cosas ridículas. Además de esto el jovencito cuando ella le alzaba la voz le pegaba literalmente. Muchos le dijeron a la muchacha la novia que no se casara con él, que no le convenía y que si él lo hacía en el noviazgo, lo haría también en el matrimonio. Ella contestaba – "lo quiero mucho, él cambiará". La verdad es que no cambió y su relación más tarde terminó en un desastre.

En su noviazgo sembraron la semilla que mata el amor, la falta de respeto, bromas y golpes anticipadamente. Fueron fieles a este error y juntos cosecharon el fruto de sus semillas más una bebé que no tiene la culpa de nada que ahora vive sin su padre.

El séptimo esfuerzo para convertirnos en asesinos del amor celestial en nuestro noviazgo es que debemos asegurarnos que falte la integridad, honestidad y confianza. Que pueda siempre permitirse las mentiras blancas para que no se descubran las negras y así nadie sea lastimado.

Recuerdo la historia de una joven cristiana que por meses les dijo a sus padres que tenía que trabajar todas las noches de sábado. Los padres le creyeron y nunca la cuestionaron. Lo que sorprendió más tarde fue que estaba embarazada. No solo se supo esto sino que el supuesto trabajo era fantasma, no existía. Por meses engañó a sus padres, fue infiel a Dios al tener un novio pagano. Y por voluntad propia sufrió las consecuencias. Hay mil maneras de matar el amor verdadero desde el inicio si uno no tiene cuidado. Ella fue fiel a este error y logró desgracias.

En este error uno o ambos se aseguran de ser infieles a su Dios, relación y tienen amigos debajo de la manga cuando se sienten solos, cuando se pelean deben refugiarse en aquellos que manifiestan algún interés más que amistad para que los hagan sentir especiales, valorados y diferentes o aún existen aquellos que tienes varias novias o novios sin que lo sepan sus víctimas.

Mientras estaba en el colegio recuerdo que un amigo tenía una novia quien lo quería mucho. Luego nos contó la historia que una amiga había tenido problemas en su casa y la estaba ayudando eso fue lo que nos comentó. Sin embargo empezó a faltar a clases y actuar raro. Necesitaba mucho más dinero que de costumbre. Al preguntarle que le pasaba nos confesó que tenía otra novia que él engañó diciendo que se casaría con ella si se iba de su casa y la tenía en un hotel. Este joven tenía todo menos amor verdadero y paz.

Como de costumbre se encontró esta pareja solo que esta tarde fue diferente ella le insinuó que ella no era la persona indicada para él. El muchacho sorprendido de lo que su novia le estaba exponiendo le preguntó por qué había cambiado de opinión. Ella trato de evadir la pregunta solo para reconocer que el día anterior había estado con alguien más. Esta muchacha tenía la costumbre de siempre hablar de sus novios y amigos especiales. Todo esto colaboraba para matar el amor verdadero y así fue, ocurrió.

Meses después de este incidente ella tenía otra amistad en privado además de su novio. Astutamente quiso mantener ambas relaciones pero como todo sale a la luz todo se supo. Lo más chistoso de todo se creía cristiana y nunca reconoció lo fiel que era en practicar este error que mata el amor del cielo. Mató el amor y la relación del novio "oficial" terminó.

Estos pasos y otros más podríamos enumerar y añadir a la lista para continuar fieles al error que los que busquen un noviazgo miserable nunca debe olvidar, "mata el amor verdadero" es el mensaje de este error. Indiscutiblemente todo esto nos lleva a algo pero menos al verdadero noviazgo.

Él deseaba honrar a Dios y trataba de mantener su relación limpia. Pero ella convertida a la convicción popular no tenía problemas en tener relaciones premaritales. Al no querer avanzar en tal propuesta ella le recriminaba diciendo, "no me quieres, de seguro tienes otra novia por allí".

Básicamente él se empezó a retraer, a cuidar de todo y solo el temor le seguía. No había tranquilidad o felicidad porque el amor verdadero de parte de él se estaba muriendo. Ella se encargó a que el verdadero amor se muriera. Ella es buena y fiel en este error para ayudar a que sus relaciones no funcionen y su frase favorita es: "nadie me quiere".

15 - "Asegúrate de la Fornicación"

"La mente carnal. . . no se sujeta a la ley de Dios, ni tampoco puede" (Romanos. 8: 7.)

En mi opinión creo que este es el más practicado y fácil de vivir. Hoy día los jóvenes a la fornicación le llaman, "señales de amor". "no te preocupes podemos usar protección o tomar alguna pastilla." Es triste que muchos cristianos lo estén practicando de manera liberal y feliz.

Después de tantas caídas y por experiencia ella me contaba de donde la sacó Dios. En sus propias palabras comentaba, "Muy temprano en mi vida me desvié en las cosas de la carne. Profesando el cristianismo muy joven empecé con la práctica de la masturbación. Luego en mis relaciones de noviazgo el sexo llegó a ser normal y parte de mis noviazgos. Mientras iba a la iglesia también iba a los centros de diversión. No mucho tiempo después empecé a fumar, luego a usar drogas. La fornicación se formó un hábito. Por gusto o deseo de obtener la droga que necesitaba ya no me importó con quien me acostaba, estaba o que hacía."

Esta muchacha llegó a ser un museo de exhibición física para muchos jóvenes, honestamente a ninguno le importó porque ellos también eran fieles a este mandamiento.

Tener la capacidad de explorar y explicar la fisonomía de nuestra pareja es importante en esta fase del noviazgo desaprobado por Dios. Aquí los jóvenes son fieles en ayudarse mutuamente a que cada uno manifieste su capacidad de complacerse conforme su pasión lo requiera y dicte.

Los jóvenes inteligentes y fieles a este error se ponen reglas para el tipo de beso permitido, caricias y hasta donde él o ella permitirá permiso para manifestar el grado de amor en sus caricias o "toques de amor".

Por ejemplo aquí las señoritas le dicen a los jóvenes, novios, "Me puedes besar del cuello para arriba." "bésame la orejita nada más". "allí no". Estas frases son base segura de fornicación.

El joven por el otro lado obedece los límites de su novia. Hace por un tiempo lo que ella le da permiso. Es paciente para esperar para que se expanda el territorio de exploración. Él para llegar a cumplir el error va hasta donde ella lo permite. Sabe conquistar y sugerir y provocar más permiso. Todo empieza con un juego, una broma. O como alguien lo hizo con su novia, le preguntaba cosas de la clase de sexualidad en el colegio y así entraban a temas que no era difícil provocar más caricias, besos y terminaba siendo el profesor y ella la alumna en términos prácticos.

Sin embargo sabiendo que la regla es del cuello para arriba, él se asegura besarle hasta los dientes, mientras sus manos se vuelven "lombrices", se mueven para todas partes. Todo esto es el camino hacia la viva fornicación. "Esto no es malo porque todos lo hacen" – dicen ellos. Muchos de la iglesia lo practican bajo amor, noviazgo y están bien. Es interesante notar que los que más reglas tienen son los fornicarios.

También se sabe que entre los cristianos este es el error más practicado a escondidas. Este error es practicado bajo, "ellos se aman, son el uno para el otro." ¿Qué hacen en el cuarto? "Ah están estudiando su lección de iglesia. Están haciendo la tarea." Son buenos para visitar a la amiga o amigo, "se quedarán en la casa de la amiga o amigo para estudiar o ver una película."

El transcurso de una relación tal los besos de los labios, se pasan al cuello, esos besos se transforman en caricias en todo el cuerpo. Allí ella entona su canción favorita – "eso no mi amor, allí no." Y lo demás la mayoría sabe lo que ocurre.

Es interesante que el joven se ha familiarizado con ella tanto que sabe y entiende que cuando ella dice que "allí no", en realidad dice que "allí sí". El novio se vuelve un doctor y sabe dónde tocar, ella toda una enferma carnal no tiene el valor de decir no con sus acciones, sino solo trata de calmar su conciencia. El doctor – novio, vive feliz.

Es de importancia saber que los jóvenes cristianos *entran en este juego gradualmente*, a menos que tengan una vida llena de libertinaje a escondidas, ellos se sumergen a un noviazgo carnal, lleno de pasión y nada de pureza, espiritualidad. Aquí no existe Dios, solo cuando están a punto de terminar, oran para que no se termine su relación.

Al principio los jóvenes cristianos, el temor de Dios les impide ir más allá en su relación. Sin embargo es ley que entre más se practique algo, se descubren más misterios. La ley dicta que, 'el que busca encuentra'. Finalmente la conciencia es desafiada, ganan los deseos y en cumplimiento al error de "asegúrate de la fornicación" en tu noviazgo terminan justificando que todos estos actos son necesarios para conocer a su futura esposa o esposo. Todo queda cubierto bajo la frase, 'esto es amor'.

Un noviazgo con estas características quiero decirles que se han sacado un diez para tener allí en adelante un noviazgo completamente miserable y si se casan tendrán buenas razones para divorciarse.

Factores que ayudan a tener esta experiencia es que estos jóvenes acostumbran ver películas con escenas románticas, sensuales y las muchachas tienen sus novelas favoritas y prefieran faltar al culto de iglesia que dejarla de verla. Les encantan los temas de sexualidad y son muy curiosos de cosas que pertenecen a personas adultas y serias a una relación para casarse. Todas estas cosas son motivadoras de la fornicación.

Debe saberse que los jóvenes que luchan por obedecer este error terminan regalando su virginidad. Primero la pierden espiritualmente, luego mental y finalmente físicamente.

En este proceso los jóvenes no solo pierden su virginidad, sino que pierden su respeto el uno al otro, así su auto estima es baja. Y la verdad es que por todas estas prácticas ellos son traumados y emocionalmente inestables. Soy de la opinión que estas acciones en los jóvenes son los culpables de tantas enfermedades mentales y grandes fracasos de muchachas y muchachos.

Practicar este error cumple la verdad de que la fornicación a estas alturas es el originador del sexo antes del matrimonio. Si hay un error que no solo hace del noviazgo algo miserable, sino que deja huellas, heridas y cicatrices emocionales, mentales y aun físicas es este error. La verdad es que no solo destruye lentamente tu presente sino que atrofia tu futuro.

En breve el noviazgo que se de licencia *para todos los besos, caricias y actos carnales y diga, "me gustó" sin buscar prudencia en ello, es sin duda alguna fornicación* o centro de este mandamiento.

Sin embargo si alguien quiere lograr un noviazgo exitoso debe recordar que: "Las bajas pasiones tienen su asiento en el cuerpo y obran por medio de él. Las expresiones "carne", "carnal" o "pasiones carnales" abarcan la naturaleza baja y corrompida; la carne de por sí no puede actuar en contra de la voluntad de Dios. Se nos ordena crucificar la carne, con sus pasiones y deseos. ¿Cómo lo haremos? ¿Hemos de infligir dolores al cuerpo? No, sino dar muerte a la tentación del pecado." (Manuscrito 1, 1888.)

16 - "Róbate su Tiempo, Inocencia y si Puedes la Virginidad"

"El ladrón en las tinieblas mina las casas…" (Job 24:16.)

Todo joven fiel a este error lo primero que hace es que roba el afecto de alguien sin tener ninguna intención verdadera. Lo único que quiere es tener una relación sin compromisos.

Para lograr esta parte en la experiencia el joven se esfuerza en ser un buen orador, él se vuelve un poeta y expresa las más bellas palabras que en realidad son mentiras, pero como ya es parte de su "forma de vida" él sabe cómo conseguir lo que quiere en la muchacha. Este proceso *de conquista* en verdad es llamado aquí, robo.

"Se pregunta: "¿Con qué limpiará el joven su camino?" y la respuesta es: "Con guardar tu palabra". El joven que hace de la Biblia su guía, no tiene por qué equivocar la senda del deber y la seguridad. Ese bendito libro le enseñará a conservar su integridad de carácter, a ser sincero, a no practicar el engaño. *"No hurtarás", fue escrito por el dedo de Dios sobre tablas de piedra y no obstante, cuánto se practica y disculpa el robo secreto de los afectos."* (Mensajes Para Los Jóvenes pg. 443.)

Estas personas no se ganan, no logran sino que se roban el afecto, atención y amor del otro. Mientras estudiaba en el colegio esto era un asunto de todos los días. Era común apostar con los compañeros sobre, 'quien podía conquistar a una señorita en una semana'. Las muchachas inocentes al plan de muchos jóvenes cedían a las propuestas de los muchachos. Lo más triste era ver cuando tenían que terminar la relación por la más estúpida razón. El joven seguía con su siguiente presa pero la muchacha era quebrantada emocionalmente. Los jóvenes se robaban su afecto, atención y muchas, muchas veces su amor. No hablo de un colegio secular sino cristiano.

También existen jóvenes que su única y verdadera razón es solo tener compañía. Esto es manifestado mucho cuando la amiguita de la muchacha tiene novio, ella dice que se siente mal porque ella no tiene o él no logra lo que la otra persona tiene. La soledad en alguien sin ocupación permite que le roben su afecto, atención y amor. Quien no tenga ninguna intención sería en algún noviazgo solo está robando a la otra persona su tiempo, afecto y amor si se llegara a enamorar.

Es común entre los jóvenes de 15 – 21 años de edad si no trabajan son dependientes aun de sus padres, en *realidad todo lo que ocurre antes de saber ser responsables es un robo* de ambos lados, sin titubear cumplen el mandamiento.

El robo que este error permite es disfrazado bajo amor de "jovencitos" y lo más interesante es que es aprobado por muchos padres cristianos. Lamentablemente estos padres no cuentan con la moralidad necesaria para hacer que sus hijos quebranten este error. Al contrario son lo suficiente tolerantes para dejar que sus hijos que no saben ni lavar el baño, su ropa o sepan trabajar tengan el privilegio del noviazgo.

Jóvenes aquí, de palabras en palabras se roban lo que solo pertenece a la persona que llega a ser un día si están en serio en su noviazgo – su prometida o prometido. La verdad es que todo lo que un joven o señorita tengan como relación si no es en serio, si no han logrado una profesión o no sepan o tengan un trabajo están robando el afecto y tiempo de cada uno e inocencia que desaparece antes de tiempo.

Fielmente en estos años juveniles y de desarrollo se roban el tiempo para aprender y lograr un carácter simétrico. Se roban el tiempo que debe ser dedicado a Dios. El tiempo necesario para dedicarlo a la educación es desperdiciado en pláticas, relaciones y emociones innecesarias.

Obedecer este error hará que los jóvenes se tomen y exijan el amor que no les pertenece. El primer beso para su boda, las caricias para su pareja en el matrimonio y palabras para casados es consumido en el robo llamado "noviazgo sin objetivo", sin intenciones serias, sin responsabilidad - altamente aprobado por la cristiandad moderna.

Tales noviazgos son buenos para robarle a las señoritas su inocencia, su pudor y respeto a sí mismas. En ocasiones es lo contrario, señoritas experimentadas se lo roban al novio. Como sea es un robo del cual muchos se arrepienten cuando ya es muy tarde. Esta inocencia se roba con palabras bonitas, con besos sensuales y así al recorrer el cuerpo terminan tan lejos que no desean regresar y permanecen en el campo del gran juego del noviazgo moderno y aprobado por la sociedad.

"Se mantiene un noviazgo engañoso con intercambio de cartas y entrevistas en secreto, hasta que los afectos de la persona carente de experiencia -y que no sabe hasta dónde pueden llegar estas cosas-, son transferidos de sus padres a una persona que manifiesta por su misma conducta que es indigna de su amor. La Biblia condena toda clase de engaño, y exige la rectitud en toda circunstancia. El que hace de la Biblia el guía de su juventud, la luz de su sendero, obedecerá sus enseñanzas en todas las cosas. No violará una jota ni una tilde de la ley para llevar a cabo ningún fin, aunque por ello tenga que hacer grandes sacrificios. Si cree en la Biblia, sabe que la bendición de Dios no descansará sobre él si se aparta del estricto camino de la rectitud. Aunque por un tiempo parezca prosperar, segará ciertamente los frutos de sus actos." (Mensajes Para Los Jóvenes pg. 444.)

Los mejores ejemplos de robo de inocencia en el noviazgo no solo son los involucrados sino que se manifiesta mucho entre los estudiantes al tener novios, novias sin que los padres lo sepan, es en mi opinión uno de los robos más grandes que está carcomiendo nuestra sociedad.

Sin duda alguna los ladrones más grandes que cumplen el error son aquellos al tener un noviazgo sin tener ningún objetivo serio. Aquellos que tienen noviazgos a escondidas no solo roban la inocencia de la persona sino que se están robando del privilegio de establecer algo normal y aprobado por Dios,

También le roban a la persona el tiempo, honestidad y fidelidad a su Dios y sobre todo a sus padres al no decirles sus intenciones, la inocencia y conciencia limpia desaparece y así se da cabida a una vida de noviazgos sin rumbo, sin destino y finalmente a grandes desastres morales con consecuencias inestimables.

Creo que después de quitarle el tiempo a alguien en esos besos y abrazos y sin dejar que la otra persona se eduque o forme para el futuro noviazgo serio y con objetivo, es robarle. Hemos visto que se roba la inocencia de la persona. Su conciencia se perturba o pierde al punto que ya no importa ni padres, reglas o principios. Así llega ahora la oportunidad de robarle la virginidad a muchos que pensaron llegar vírgenes a su boda.

Un día un "cristiano" me decía que uno debe casarse con una persona virgen. En mi inocencia le pregunté "y eso como se sabe". Oh me dijo tienes relaciones con ella y si pasa esto y aquello es virgen. Por lo visto tenía experiencia pero no esposa.

En su mayoría por medio de una encuesta se descubrió que la mayoría de cristianos han perdido su virginidad en esas relaciones a escondidas. Que tesoro más bello y grande de una mujer u hombre que es robado, lo que era para su verdadero y futuro esposa o esposo.

Se practica esto mucho en los colegios, universidades donde supuestamente se preparan para un futuro. Algunos no solo perdieron su virginidad sino que el robo les encargó un bebé. Su futuro fracasa allí, algunos otros terminan con un aborto. Los robos tienen consecuencias que jamás se recupera uno, especialmente si es en el noviazgo.

Esos jóvenes que tienen a alguien con ellos solo para suplir sus deseos carnales, sexuales o muchas veces aunque no lo creas económicas, la mejor manera para cubrirle con otro nombre que no sea el verdadero es "NOVIAZGO".

En el noviazgo consigues lo que quieres si eres fiel a todos los mandamientos de un noviazgo desgraciado y miserable. Roba los afectos (palabras bonitas), tiempo (salidas, teléfono), dinero en cenas, ropa y regalos sin un noviazgo declarado y serio con la viva intención de no casarte es hacerte un fiel a este eror del robo.

Aunque todo lo dicho es importante creo que el robo más grande es de uno mismo. No solo te robas tiempo para prepararte para tu propio futuro en educación, carácter y persona. Esos besos dados, palabras dichas y actos para tu futura esposa, o esposo se fueron y nunca más regresan. Algunos se han robado tanto que cuando se casan solo dan bagazos y ¿sabes que reciben ellos? Lo mismo.

Tener tantas novias, novios haberle dado tanto tiempo a esas relaciones fue pérdida de uno mismo. El amor, afectos, emociones nunca más regresan y al darlos sin responsabilidad en verdad nos perdimos el privilegio de ser únicamente para la persona que terminaremos amando.

Lo más importante en este error es que habiendo logrado obediencia en los otros mandamientos aquí ya no es difícil sino fácil lograr actos sexuales en la cual miles de jóvenes se han robado la virginidad – el tesoro más grande que tanto jóvenes y señoritas pueden dar en el día su boda.

Recuerda que robar es fácil solo busca una novia o novio que no esté consagrado/a a Dios, alguien que no tenga padres o los ignore. Pídele su número de teléfono, su email y asegúrate que la comunicación de ambos empiece con preguntas sobre la iglesia, o algún asunto Bíblico. Esa es la manera menos sospechable. Que nadie sepa de esa relación hasta donde sea posible y que ella o él sean bien prudentes para esconder las intenciones, esa persona no será difícil, créeme se dejará robar y te ayudará a que llegues a ser el mejor ladrón.

"Jugar con los corazones es un crimen no pequeño a la vista de un Dios santo." (Hogar Cristiano pg. 48.)

Recordemos que todo lo que no nos lleve a una relación bajo el verdadero amor, seria y dispuesta a casarse después de todas las investigaciones para tal acto es un robo. ¡Buena suerte lograrás tener un miserable noviazgo, si sabes robar!

17 - "Peléate a Toda Costa y Habla Mal de Ella/Él"

"Echa fuera al escarnecedor, y con él saldrá la contienda, y cesarán el pleito y la afrenta." (Proverbios 22:10.)

Fiel para lograr un matrimonio miserable es importante y necesario que en el noviazgo se practique la capacidad de ver a la otra persona como propiedad, algo conquistado y parte de nuestra jurisdicción.

No lo podía creer. Los padres me contaban como su hija amaba demasiado a su novio. Les pregunté ¿por qué? La respuesta me escalofrió. "él le pega cuando ella no hace lo que él quiere y todavía así sigue con él, lo peor es que él piensa que no lo sabemos y actúa como la victima cada vez que se pelean". Una relación tal me convierte en profeta a mí y puedo profetizar al decir que tendrán un desgraciado matrimonio si ese es el comportamiento de estos novios.

Hombres y mujeres dispuestos a construir una desgraciada relación y practicar este error deben a toda costa *ser intolerantes, enigmáticos* y estar dispuesto a *enojarse* por lo más mínimo en el proceso de su noviazgo. "Se enojó porque no le dije que a donde iría", expresan muchos jóvenes.

El padre de los pleitos en una relación es la intolerancia en los errores y faltas en la otra persona. Especialmente en aquellas ocasiones cuando no respetaron, desobedecieron nuestro deseo. La intolerancia en la relación es visto en:

- La falta de comprensión en el horario de la otra persona.
- Cuando usa ropa que no nos gusta pero que la otra personas adora.
- Al comer diferente a nosotros.
- Al participar en grupos religiosos, sociales o escolares y no ser informados.

- Especialmente cuando ella o él cambia la cita planeada por ir a otra con sus padres.
- Al desear estar más tiempo en los cultos de adoración de iglesia.

En este error *la intolerancia* ayuda a que la pareja esté siempre peleándose. Sin embargo debe entenderse que este estilo de vida puede y se disfraza bajo expresiones como, "tú no me amas *lo suficiente*", "*nunca tienes* tiempo para...", "*nunca cumples* lo que dices", "¿*otra vez* con tus padres?", etcétera.

La intolerancia es manifestada de muchas maneras como fanatismo, exaltación, exigencia y mucha exageración en todo lo dicho, visto y expresado.

Ella es bella, físicamente atractiva y su intelectualidad es la envidia de muchos. Pero su belleza es inferior a su capacidad de ser caprichosa e intolerable. Si quiere algo se aferra a ello como lo hace un niño al llorar. Es extremadamente negativa y sus palabras son como espada que hierre. Sus celos no faltan y no tolera ninguna explicación. El novio no puede hablar con nadie. Un día me comentaba el novio que mientras él daba una presentación dentro de las personas que asistieron había mujeres y que allí ella (la novia) le gritó en público, "deja de verla, no olvides que estoy aquí."

La verdad la intolerancia lo hace actuar a uno estúpidamente y las consecuencias se dejan ver muy claras.

Este estilo de noviazgo no deja de *ser enigmático* en todo momento posible especialmente cuando las cosas van mal y no están saliendo como se planeó. Para lograr mantener esta segunda característica debe evitarse a toda costa cuando se pelee cualquier explicación que la pareja ofrezca por tal acto, asunto, evento o situación.

El joven como muchas cuentas con un móvil y por su trabajo habla con muchas personas incluyendo mujeres. Su novia es fiel en revisar la lista de llamadas entrantes y salientes. Cuestiona cada llamada que ella cree no ser aprobada. Y cuando el da explicaciones ella no las acepta y empieza su sermón de siempre.

Él pensó que esto cambiaría si se casaban. Todo lo contrario empeoró.

Toda información o intento de justificación debe considerarse como una ofensa al elevado concepto de una falsa relación. Así que es importante para mantener vivo este mandamiento, no fallará en hacer de tu noviazgo miserable y bases para un turbulento matrimonio, por favor asegúrate de ser enigmático tiene el poder de establecer un miserable futuro. Aquí están algunos detalles que son puertas abiertas para ser intolerantes y enojones:

- No te llamó.
- Al no cumplir con esa promesa.
- Al olvidarse de tu cumpleaños.
- Fue a algún evento sin tu permiso.
- Al no sentarse contigo en la iglesia o algún otro evento.

Al mostrar esta característica no será difícil dar nacimiento *al enojo*, el será el huésped de cada momento cuando las cosas sean contrarias a lo pensado, planeado o deseado. El fruto de esta tercera característica en un individuo será visto de manera sistemática.

Vivir y experimentar una relación de este calibre hará que la pareja viva en su pasado, los errores serán recordados y faltas echadas en cara a cada momento. Esta manera de vivir promueve el noviazgo falso y desastroso. Personas tales acostumbran traer cualquier razón para sugerir que la relación no está trabajando, no sirve y que debe terminar.

Este joven tenía la habilidad de enojarse constantemente por cosas estúpidas como tener que esperar unos minutos más porque su novia no estaba lista. Si tenía que ir a la iglesia si no era con él. Si ella le daba algún tiempo los domingos a su familia y no le daba todo el día a él – era suficiente para terminar la relación. El enojo era el aire de su relación. Créeme joven esto es practicado por una buena cantidad de jóvenes cristianos.

"El deseo de los justos tiende sólo al bien, la esperanza de los impíos redunda en enojo." (Proverbios 11:23.)

Lograr este tipo de vida en la relación contribuirá a que la gente haga preguntas y he allí la oportunidad de recalcar el error el 100 %, **"Peléate a toda costa y habla mal de ella/él"** llegar a la otra parte de este error te da permiso a que justifiques tu comportamiento. Aquí el enfoque es que debes aprovechar las preguntas de los padres o personas en general que tu relación no funciona porque:

- Ella es terca.
- El no cumple.
- No me respeta.
- No me escucha.
- No me tiene confianza.
- Es un don Juan.
- Es muy coqueta.
- Su pasado lo dice todo.
- Sus amigos tienen razón, es demasiado desorientada.
- Etcétera

Aquí entonces debes asegurarte de ser un buen charlatán y no olvides de hacerte el mártir. Se deshonesto/a y haz todo para que los demás simpaticen contigo al presentar y enumerar las debilidades de tu pareja, esta es la manera de vivir y cumplir con el mandamiento. Si lo logras todos estarán de tu lado y podrás terminar en limpio con esa relación y como siempre inicia otra nueva amistad y bingo – un noviazgo más.

Este error en general recomienda *la falta de tacto*. En una relación tal es necesario no tener tacto al expresar nuestras opiniones, deseos y planes. Cuando la pareja se queja, quiere platicar sus problemas o especialmente si llora, los que son fieles a este error lo señalan como debilidad de carácter. Sus emociones son ignoradas y si insiste ser escuchada recuérdale que la vida es dura, que debe aprenderse a vivir en esta vida "turbulenta".

Personalmente aprendí en mis relaciones pasadas que fui muy imprudente en lo que concierne a escuchar a la otra persona. Además no seleccionaba o cuidaba mis palabras y la verdad no aprendí lo falto de tacto que manifestaba en general hasta que un día con mis palabras y falta de tacto hice llorar a mi propia madre.

Me da vergüenza decirlo pero lo digo como lección que me hizo abrir los ojos a la importancia del poder de las palabras. En esa conversación que cambio mi mundo sobre la importancia del tacto aprendí que uno puede decir una verdad convirtiéndolo en veneno que mata o una verdad con delicadeza, aunque molesta al principio, hará felices a ambos a largo plazo.

Me contaban que la novia de un joven en un campamento actuó con falta de tacto en público que hizo llorar a hermanas en la fe que de años eran amigas de su novio. Expresó palabras ásperas y no ocultó su disgusto de verlas en el mismo campamento.

Es bueno al manifestar falta de tacto ser terco/a, *mostrar que siempre* tienes la razón. Que se sepa con claridad que si sabes todo. Siempre recuerda decir con precisión tus pensamientos, que seas incansable al presentar tus justificaciones de carácter pues eso te hará fiel al mandamiento. Es de importancia que siempre hables sin pensar, sin escoger tus palabras, tus gestos y lenguaje corporal. Que se vea que tú eres el macho, o la reina.

No olvidaré nunca el cómo esta señorita después de no conseguir lo que deseaba en su coraje no le importó hablar mal de su pareja sino aún se aventuró en su enojo a publicar en voz alta que su novio "quiso abusar de ella". Esto causó conmoción pero fue lo único que abrió los ojos del joven de saber quién en verdad era su novia. Obtener la atención de la pareja o del publico de esta manera es lo más tonto que pueda hacer alguien enojado. Seguir con alguien así es de seguro el camino a un noviazgo y matrimonio miserable.

También la falta de tacto te invita a ser descortés en tu manera de expresarte. Usa palabras ásperas, rudas y nunca bajes la guardia, tu lengua es tu espada. Tus palabras ponen las cosas en orden. Las palabras que debes siempre evitar son: Por favor, te ruego, gracias, con permiso, que lindo. Bonito detalle, me honras con tal acto, palabra.

No ser cortés te lleva a ser rudo con tu pareja, y tu canción favorita cuando te traten de hacer ver que tienes que cambiar y que estás mal es: "así soy yo, me aceptas o te dejo" esto de seguro es el camino al conflicto estable y semillero de pleitos sin sentido. Te doy un secreto que es fácil de detectar, el rostro de tales personas es fácil verlas, parecen que siempre tienen diarrea, o algo en el estómago.

Así que nunca debes evaluar tu forma de ser, tu carácter es como es y no cambiará. Jamás permitas la evaluación y mantente firme en que eres el que tiene el control. Fiel a esto hace que esta verdad te permita caminar a un seguro noviazgo miserable convirtiéndote en el mejor abogado en tu relación. Recuerda pues que tú tienes el deber y el poder de hacer que los demás sepan lo malo, lo mala que es tu pareja y así quedarás libre y limpio ante los ojos del pueblo *pero* mal ante Dios.

Tú siempre tienes la razón.

- No aceptes explicación alguna.
- Enójate por todo.
- Demuestra rudeza/firmeza de carácter cuando la persona trate de desahogarse emocionalmente.
- Habla antes de escuchar, tú siempre sabes más que tu pareja.
- Asegúrate de no escoger tus palabras al expresar tu opinión o al contestar.
- Cuando la otra persona no cumpla con lo planeado o no te trate bien, míralo como falta de amor hacia ti.
- Tú debes controlar, no dejes que te controlen y todo intento de tratarte bien míralo como una manera de manipulación.
- La victima eres tú "siempre".

Creo que lo más importante finalmente es que tu reputación sea intachable a costa de la de tu pareja. Para lograr esto debes hablar, hablar mal de tu novia/o todo el tiempo, ocasión y lugar especialmente cuando no esté junto a ti. Tu reputación debe ser protegida y resaltada siempre.

Cuando ella no obtenía lo que quería tenía la costumbre de decir: "él no es cristiano de verdad, no me quiere, me trata mal. Me alza la voz. Es muy impaciente. No sé porque sigo con él."

Si la persona después de todo esto, sigue contigo créeme que es la "ayuda idónea" para que el error aquí expuesto sea una realidad con futuro en tu vida. No te des por vencido mantente firme y fiel a la aspereza y tendrás frutos dignos de condenar, pero leales a un noviazgo desgraciado.

Ellos no entienden que: "La paciencia o longanimidad, en un mundo donde prevalecen la impaciencia y la intolerancia, es un precioso atributo. El amor es magnánimo con las faltas, fracasos y debilidades de otros. Reconoce que todos los seres humanos son falibles, y que, por lo tanto, debe esperarse que haya manifestaciones que revelen los errores que resultan de la naturaleza pecaminosa inherente del hombre. La paciencia es lo opuesto a la precipitación, a las expresiones y los pensamientos apasionados y a la irritabilidad. "Sufrido" describe el estado mental que capacita al hombre para ser pacientemente tranquilo y cuando es oprimido, calumniado y perseguido ver. (Efesios. 4: 2;) (Colosenses. 3: 12;)(2 Timoteo. 4: 2;) (2 Pedro. 3: 15;) cf. (Mateo. 26: 63; 27: 12-14;) com. (Mateo. 5: 10-12). El que es paciente posee uno de los frutos del Espíritu (Gálatas. 5: 22)." (C.B.A.T.6.)

18 - "Queriendo Lo Que No Tienes"

"Porque todo lo que hay en el mundo -los malos deseos de la carne, la codicia de los ojos y la soberbia de la vida-, no procede del Padre, sino del mundo." (1 Juan 2:16.)

El último error invita que en la relación del noviazgo se quiera lo que No se tiene, y es practicado con el sexo opuesto. Este deseo puede bien disfrazarse bajo, "necesitamos cambiar". "No me gusta esto o aquello".

No tiene la personalidad que quiero:
Para lograr esto fielmente debes codiciar el noviazgo del amigo/a en este comportamiento siempre se está comparando a nuestra pareja con la pareja de los demás. El margen de lo que se quiere o espera está en el comportamiento o carácter de otros noviazgos.

Es natural que se exprese que Tony – el novio de la amiga, es "muy amable", "él si es dulce". "Que caballero es". "Mira como la trata", "ella si es sensual". Directamente él o ella le dice a su pareja que debe ser como Carlos o Sara. Siempre están codiciando tener la experiencia de otras parejas. Nunca son ellos mismos. Desean lo que no son, lo que no tienen y lo buscan desesperadamente.

Es importante notar que cuando se cumple este error se debe tener la capacidad para compararse con las novelas, actores o actrices y siempre encontrarle algún defecto a nuestra novia o novio, esta capacidad abrirá la puerta de la codicia en el noviazgo, será costumbre - la comparación.

Esta muchacha tuvo muchas opciones pero estos jóvenes cristianos no tenían lo que ella quería físicamente. Una y otra vez decía no tienen lo que quiero. "No se preocupen por mi" dijo la muchacha de 21 años, "yo sé lo que quiero". Los consejos fueron constantes. Los padres, el pastor y amigos cercanos le amonestaron de su relación de noviazgo con alguien del mundo que no era correcta.

No hizo caso de nada, empezó a mentir, dejó la iglesia y feliz porque logró lo que quería, un joven apuesto, dinero, alguien que podía lucir. Más tarde nadie se preocupó más por ella, ahora ella estaba preocupada pero no por los consejos sino porque estaba embarazada. El que busca lo que quiere porque otros lo tienen y no viene de Dios, sufrirá la desgracia de saber que si estaba equivocada o equivocado.

Siempre se debe estar viendo lo que *no tenemos* y lo que los demás *si tienen*, tal vez tiempo, dinero, carros, profesiones o posiciones, cosas que tu pareja no posee debes desear y echárselo en cara para que si te quiere lo busque y logre buscar otra imagen, carácter que no es él o ella. Esto es buenísimo para que tarde que temprano logres un noviazgo miserable.

No Tiene El Físico Que Me Gusta:

"El sepulcro y la perdición nunca se hartan, ni la codicia del hombre se satisface jamás."(Proverbios 27:20.)

Estas personas codician no solo el carácter de otros en su pareja, sino aun su físico. Siempre están en ocasiones audiblemente mencionando que el cabello, el cuerpo o nariz de tal persona es bonita, bello o atractivo. Sin embargo en la mayoría de sus codicias son en la mente, codician el cuerpo de muchas muchachas, lamentan que su novia no tiene lo que otras mujeres tienen físicamente.

Así es con las muchachas en las conversaciones de solteras se expanden en las bellezas que tienen sus novios, amigos y aun jefes o maestros. Son más abiertas en lo que les gusta de los otros hombres, son buenas para condenar la bendición que Dios permitió a ciertos hombres tener o ser, en su estatura, ojos, nariz y aun partes de su físico que atrae o disgusta a las mujeres.

Es interesante pero todo esto les encanta platicar y jamás están contentas con lo que sí tienen porque viven soñando y suspirando por lo que no tiene su novio, prometido o amigo especial.

Igual sucede con los hombres que no saben apreciar lo que Dios permitió en cada ser humano. Las bendiciones se pierden cuando codiciamos lo que no tenemos pues se desprecia, descuida e ignora las grandes bendiciones en las criaturas que podemos conocer y tener. Que desgracia es ser fiel a este mandamiento, lo lleva a uno a despreciar lo que Dios ha creado y permitido en el ser humano que hemos elegido como pareja.

No Tiene las Posesiones Que Me Harían Feliz:

"Porque el amor al dinero es la raíz de todos los males. Y algunos, en esa codicia se desviaron de la fe, y fueron traspasados de muchos dolores." (1 Timoteo 6:10.)

Debemos volvernos arduos observadores de las demás relaciones, lo que ellos tienen materialmente nos debe molestar y enojar si nuestra pareja no lo tiene. Me refiero aquí a una profesión, dinero, un buen o bonito carro que el novio, o novia nuestra no posea. Es importante que se codicie lo que otros tienen para que cumplamos estas verdades que han desgraciado millones de relaciones cristianas.

Haciendo esto te aseguro que nos alejamos del verdadero amor y razón del porqué empezamos la relación del noviazgo. Todo esto ayuda a que uno se desenfoque de la relación propia, de cuidarla y debes saber que aquí se logra vivir una relación que "uno No tiene".

Estas parejas siempre platican del carro de su amiga, ellos siempre están señalando que Julia es ingeniera y que su novia debería considerar otra profesión. Y siempre que salen juntos a la calle sus pláticas son con respecto a que cuando se casen les gustaría, "ese carro, esa casa o tener esto y aquello". Las palabras "les gustaría" muestran que son irrealistas porque en muchas ocasiones estas personas viven todavía con sus padres y solo viven codiciando.

En mi opinión no hay nada de malo en querer o desear cosas para el futuro, pero tales personas ni siquiera cumplen en ocasiones la mayoría de edad, no tienen ni carácter formado, no tienen ni la capacidad de limpiar su cuarto o arreglar su cama, sin embargo ya hablan de que les gustaría tener esto o aquello que en verdad solo un milagro se los traería a la realidad. La raíz de todo esto es la codicia, la vanidad y envidia.

En breve todo este error se ve practicado cuando:

- Compares tu pareja con la personalidad de otra persona.
- Añoras que tu relación fuera remplazada con la relación de tus amigos.
- Siempre codicias el trabajo, profesión, posición de otras personas y le dices a tu novio/a, "si fueras como...", "si tuvieras ese trabajo fueras..." "No serias un pobre si tuvieras ese..." "Nunca cambiarás si sigues siendo un..."
- Mi novia debe bajar de peso como Michel.
- Que lindos ojos tiene Roberto.
- Codicias el físico de otros para tu pareja.
- En ocasiones en tu mente no solo codicias sino que dejas que la lascivia se manifieste y quien sufre de tal morbosidad es tu pareja.
- Todo lo que no tienes en tu relación en lugar de buscarlo y mejorar en ellos, en las oportunidades que da la vida siempre lo estás buscando, deseando y codiciando al pensar y analizar a los demás.

Felicidades amigo/a si cumples *con uno de estos* mandamientos *tienes el potencial y la gran posibilidad de empezar* un futuro miserable en lo que incumbe el noviazgo.

Obedecer *el 10% de estos mandamientos estás buscando* recorrer un sendero que al principio es interesante y en muchas ocasiones es agradable pero su fin es prepararte para empezar una relación miserable.

Si has logrado practicar 50% de estos mandamientos *estás en el sendero de la desgracia* en lo que se refiere "relación de noviazgo" o cualquier otro tipo de amistad. *Aunque tienes la posibilidad de cambiarlo, evitarlo* si haces un "cambio drástico" en tu manera de pensar, desear y actuar.

Obedecer estos mandamientos 80% en la relación estás destinado por la ley de la "propia elección" si te casas con esa persona que te ayudó a vivir tales mandamientos a tener un miserable matrimonio, o amargada relación de noviazgo.

Saber esto, cumplirlos y aun así pensar que "así somos y nada puede cambiar" sencillamente has cambiado de Dios, tu dios ahora es el rozamiento humano, carnal y diabólico que dicta sus propios y diez mandamientos que tienen el poder de hacer de tu noviazgo una relación miserable y sin futuro estable.

"Joven, señorita, puedes no darte cuenta de que Dios te está mirando; puedes sentirte en libertad de expresar con hechos los impulsos del corazón natural, que puedes complacer tu liviandad y frivolidad, pero de todas estas cosas tendrás que dar cuenta. Según lo que siembras cosecharás, y si estás eliminando el fundamento de tu casa, quitando a tu cerebro su alimento y a tus nervios su poder, por la disipación y la complacencia del apetito y la pasión, tendrás que rendir cuentas a quien dice. "Yo conozco tus obras". (RH, 29 de Marzo de 1892.)

7 Cualidades De Un Futuro Esposo/a

Aunque hay según el criterio de uno muchas cualidades, aquí te presento mi opinión en las cualidades que establecen un fundamento para un futuro esposo o futura esposa.

1. **Ama a Dios.**

2. **Ama a sus padres.**

3. **Ama a su prójimo.**

4. **Ama las responsabilidades.**

5. **Ama el crecimiento personal.**

6. **Ama su carácter.**

7. **Ama su salud mental, espiritual y física.**

Nos cuenta alguien que logró estas cualidades: **"Había fracasado en mi relación anterior. Conocí a Jesucristo y desee bautizarme, como no había nadie que me bautizara en mi pueblo caminé tres días para lograrlo en los años en que no había transporte. Esos tres días de camino valieron la pena. Hice mi conversión pública con el bautizo, pero jamás hubiera pensado que conocería a mi esposa allí. Lo que puedo decir a cualquier joven hoy es que el temor a Dios, el deseo de honrarle y servirle trae las bendiciones más grandes."**

19 Ama a Dios

"Amarás al Señor tu Dios **con todo tu corazón, con toda tu alma, con toda tu mente y todas tus fuerzas'. Y el segundo es semejante: 'Amarás a tu prójimo como a ti mismo'. No hay Mandamiento mayor que éstos". (Marcos 12:30,31.)**

El fundamento de estas cualidades está en el versículo citado. La dimensión de este amor es triangular, abarcando a Dios, tú y la humanidad. La verdad de estas cualidades tiene su centro en Dios.

Nosotros como cristianos debemos ser cabeza en todo y el noviazgo no es menos para no darle la importancia debida. El amor que los jóvenes cristianos buscamos manifestar es estable y capaz de amar con sinceridad y eterno. Pero no solo tiene su origen en el cielo sino que primero se aprende amar al Eterno.

Aunque no lo crean el fracaso del 98% de los noviazgos es porque Dios no ha sido considerado ni siquiera amado en segundo lugar o en ocasiones esa relación iniciada se sobrepone a Dios mismo en la vida de tales individuos supuestamente cristianos.

La primera cualidad que un joven cristiano debe buscar y encontrar es que el joven o señorita en cuestión NO DEBE amar sino QUE esté amando a Dios. Esta cualidad aquí presentada es la espina dorsal para una relación de noviazgo cristiano. Si estás de acuerdo conmigo entonces identifiquemos algunas maneras de saber que es amar a Dios.

- El centro de la vida es Dios.
- Lee y aplica las Escrituras, la Biblia.
- Le gusta orar.
- La iglesia y lugares de servicio es su lugar favorito.
- Tiene la capacidad de perdonar al que le ofende.
- Le gusta mucho orar por otros.
- No hace lo que su conciencia cuestiona.

- Sabe someterse a lo que dicen las Escrituras y a lo que sus líderes religiosos le sugieren y recomiendan basado en las cosas de Dios.
- En las pláticas, sugerencias y planes Dios es el primero, el mejor y el último amado, honrado y servido.

Estas y más cualidades básicas de alguien que ame a Dios debe verse en la vida de alguien que se está considerando para un noviazgo cristiano. La verdad es que algo fuera de esta base fundamental del joven cristiano no vale la pena ni pensarlo mucho menos intentarlo. Empezar una relación sin este fundamento es querer sufrir y ver vergüenza en el transcurso de su experiencia.

Allí estaba la señorita que le había atraído. En el mismo momento que la vio se dijo, "esa será mi esposa." Como pastor estaba involucrado en la predica en diferentes lugares y le era difícil estar en el mismo lugar al mismo tiempo. Así que buscó una cita con esta muchacha que había ganado su corazón con su belleza. Le pidió que le permitiera conocerla y acordaron una cita. Quedaron de verse el día siguiente. El brincaba de gozo y el día siguiente cumplió con sus responsabilidades ministeriales término sus compromisos temprano. En el camino a su cita le estalla una llanta y lo más triste es que no llevaba una de repuesto. Terminó llegando a su cita a las 12 am y cuando trató de disculparse por llegar demasiado tarde ella dijo que no conocía a tal persona. Sin embargo él amaba primeramente a Dios y esa noche dejó todo esto en sus manos. El día siguiente cual fue su sorpresa que su compañero de cuarto le describió a una linda dama que conoció. Mientras la describió que estaba hablando de la misma muchacha. Aceptó su derrota y no tardó en saber que ella y su amigo eran novios.

Le dolió saber que la muchacha que un día pensó seria su esposa, a quien había puesto en las manos de Dios, ahora era novia de su amigo y *todo porque no llegó a su primera cita a tiempo.* Esta aparente perdida le dio tiempo para acercarse más a Dios y su amor a Él lo manifestó sirviéndole más y con fervor. Dejó su dolor en las manos de su Creador. Meses transcurrieron y así sus oraciones por esta bella mujer. Un día escuchó por su compañero mismo que había terminado con su novia. Efectivamente esta fue su oportunidad y en esta ocasión él no buscó hacerse una oportunidad sino dejó que Dios se la trajera. Así ocurrió Dios le dio el privilegio de verla, hablarle y ella aceptó en el transcurso del tiempo ser su novia y finalmente su esposa. Amar a Dios y esperar en Él siempre trae bendiciones. El nombre de este hombre es Barry C. Black el capellán número sesenta y dos del Senado de los Estados Unidos.

"Por eso os ruego que reafirméis vuestro amor hacia él." (2 Corintios 2:8.)

Un consejo para todos los que desean un noviazgo cristiano es que: No le digan a nadie, mucho menos al que les interesa sobre las cualidades que buscan en tal persona. Suele suceder que muchos son "alimento al minuto". Esto quiere decir que varios jóvenes son falsos y al saber lo que le gusta o busca la otra persona, ellos hacen todo para imitar ser lo que buscas, pero que no lo son en verdad, solo quieren "conquistar" lo que desean, y así lograr sus objetivos carnales y no sinceros.

El amor a Dios, amar a Dios en mi opinión es completamente independiente de quien nos guste o no en la iglesia. Les aconsejo que averigüen discretamente quien es la familia del que llama tu atención. Cuánto tiempo tienen en la iglesia, que opinan los demás del cristianismo que practican. ¡Cuidado! Si es nuevo en la iglesia o recién convertido a Cristo es alguien que en mi opinión es un peligro para cualquier relación con intención al noviazgo.

Por experiencia personal puedo testificar que un buen % de estas personas, especialmente si son jóvenes son más astutos que algunos de nosotros, ellos se informan de lo que nos gusta y lo que buscamos antes de tratar con la persona de su agrado. He visto como señoritas cristianas tercamente dejan a un lado la opinión de sus padres, hermanos de la fe y personas de experiencia al proseguir con una relación con alguien nuevo en la iglesia o recién bautizado. Se comprometen y se casan. ¿Cuál es la historia que sigue? Primero inmediatamente después de la boda empiezan a faltar a los servicios de la iglesia, a él no le gusta que su pareja asista "tanto" a la iglesia, a los pocos meses no solo él sino ella ya no van a la iglesia. La historia es repetida una y otra vez cuando No se entiende que si se desea una relación próspera y con futuro debe saber de antemano que la persona de nuestro gusto debe amar a Dios y sus requerimientos.

Importante Notar Del Que Ama a Dios:

1. El que en verdad ama a Dios tiene un historial de amar a Dios en su vida, en su hogar y claro en la iglesia. En su trabajo o colegio, Universidad él o ella son cristianos. Es importante que cuando busques una relación *de ante mano debes rastrear la vida espiritual* de tal persona, minino la vida de un año, máximo tres a cinco años. Tal vez a primera instancia esto te parezca absurdo pero créeme que lo que hoy parezca sin importancia mañana estarás muy agradecido si en verdad Tu amas a Dios.

2. Al desear tener una relación de alguna manera si es él, dirá que ha estado orando y cree que Dios le da el permiso de proponerte. Si es ella dirá, si en verdad es cristiana evitará como el resto de las muchachas decir, "déjame pensar." haciéndose la difícil. Todo lo contrario, como cristiana claro qué pensará pero no lo hará porque no quiere parecer fácil sino que expresará que aunque le gusta la idea ella no puede avanzar en algo que desea la aprobación de Dios y ella debe orar para tomar una decisión sabia.

3. Joven al encaminarte en esta dirección alguien que ama a su Dios no tiene prisa, sabe que todo tiene su tiempo. Él o ella no corre, ni tampoco se atrasa. La paciencia en esperar una respuesta de ella como de él depende no de las emociones de ambas personas sino de la voluntad verdadera de su Dios. Todo esto es la mejor señal que esa persona vale la pena darle su tiempo. Personas tales aman a su Dios.

4. Él o ella se preparan mucho antes de una relación. Estudian su Biblia y libros que hablan del tema. El que ama a Dios se prepara porque no quiere deshonrar al Dios que ama. Jóvenes no pierdes nada al preguntarle a la otra persona "cristiana" de tu interés; ¿Cuál es el libro que más te gusta? ¿Qué libros lees? ¿Cuáles han sido los últimos que has leído? La respuesta dirá mucho, dictará el camino que Tú debes tomar.

5. Cuando el amor verdadero a Dios existe no hay lugar para la "conquista" sino solo la voluntad de Dios y la realidad

de lo que se llama gusto, amor y voluntad Divino, todo lo que involucre amor Divino será manifestado prudentemente.

Importante Notar Del Que No Ama a Dios:
1. Se fijan en el "bonito" carácter pero la persona no tiene vida espiritual.

2. No le gusta orar pero le encantan las películas, la música y estar contigo, eres su dios.

3. Es impaciente en todas las cosas, esto incluye besar, el sexo y gustos personales.

4. No le gusta leer su Biblia y menos otros libros de índole educacional del noviazgo y matrimonio.

5. Es coqueto, jovial con todas las muchachas o ella es bromista y social con todos los muchachos.
6. Él o ella llegó a la iglesia por que le gustas.

7. Se bautizó porque se quiere casar contigo.

8. Contigo él o ella son amables, dulces y muy serviciales pero en casa u otro lugar son indiferentes e irresponsables.

9. Les encanta estudiar contigo, pero evitan estar con los otros hermanos que de igual manera hablarían de Dios.

10. Sus lugares favoritos son el cine, el cuarto a solas.

11. Les encanta ser "conquistadas" y a ellos les gusta "conquistar".

12. Hablan del futuro y dejan de vivir el presente, solo viven soñando.

13. Todo existe menos honrar a Dios, padres y creencias religiosas.

La verdad esencial aquí es saber que la base de toda buena, próspera y exitosa relación está establecida en que Dios debe ser el centro de lo que uno quiere, busca y ama. Todo lo demás te llevará al fracaso emocional, noviazgo y finalmente matrimonial. Así que la primera cualidad que estamos enfocando aquí es que todo hombre o mujer que desean un futuro esposo o esposa y no otro novio u otra novia nada más buscarán a alguien que ame a su Dios de todo su corazón.

En Asia conocí un joven cristiano. La necesidad llegó a manifestar el deseo de tener una compañera, la encontró. Para este tiempo él había decidido ser un misionero. Logró conquistar a una señorita que profesaba la fe cristiana, era atractiva y sin embargo después de decirle que si al noviazgo le confesó que ella no lo quería a él. Después de esta noticia él insistía que debían continuar, que todo saldría bien. Los meses transcurrieron, él llegó a idolatrarla y ella hizo su segunda confesión y esa era que ella tenía otro novio no cristiano a quien ella adoraba.

El joven *por no* involucrar amar a Dios e involucrarlo en sus planes e intenciones, la razón y la aceptación de la realidad perdió mucho emocionalmente, le afectó su reputación como misionero y todavía sigue herido con pocas promesas de recuperación pues ella lo dejó. A esta supuesta cristiana no le importó desde el inicio a este joven porque no amaba a Dios. No le importa lo que Dios piensa de su vida y persiste en sus planes con desgraciados resultados.

Amar a Dios trae a la razón y el corazón en unión, así los planes personales son aprobados por Dios y su guía no son los sentimientos y emociones sino las Escrituras donde leemos la voluntad del Creador.

20 - Ama A Sus Padres

"Hijos, obedeced en el Señor a vuestros padres, porque esto es justo." (Efesios 6:1.)

Personas con un buen futuro en la relación del noviazgo que busca un matrimonio exitoso tiene la cualidad que ambos aman a sus padres, esto no es otra cosa que respeto y sometimiento a consejos sensatos y necesarios.

Este punto en este siglo ha sido grandemente evadido. Los jóvenes hoy aman su persona, su opinión y la persona de su gusto, los padres solo sirven para pagar la vuelta al parque, cine y la hamburguesa en el Mac Donald. Solo son los hombros para llorar cuando quedamos destruidos emocionalmente por una mala relación.

Bíblicamente todo cristiano tiene la responsabilidad de no solo respetar sino de amar a sus padres y si fuésemos estrictos a la Palabra se ve que los padres altamente espirituales son los medios que Dios usa para traernos en unión con esa persona aprobada por Dios.

En el Génesis de la historia del hombre el primer "hijo" se vio "solo" y su padre celestial le buscó y formó la persona ideal y perfecta para suplir su necesidad. Adán fue el primer hijo que mostró amor y respeto a su Padre al manifestarle su soledad y deseo de alguien más en su vida, él permitió que su Padre le ayudara en la elección. Así llegó Eva.

Los que aman a sus padres dejan que ellos tengan la parte más importante después de Dios en la búsqueda y elección de un noviazgo y sobre todo de un matrimonio con futuro.

Tenemos la historia de un joven que dejó el 100 % que sus padres escogieran por él la compañera de su vida. Él amaba a sus padres quienes eran grandemente espirituales. Isaac permitió que su padre eligiera su pareja porque sabía que él tenía la bendición de Dios y sabía que lo que él escogiera era la voluntad de Dios.

"¡Qué contraste entre la conducta de Isaac y la de la juventud de nuestro tiempo, aun entre los que se dicen cristianos! Los jóvenes creen con demasiada frecuencia que la entrega de sus afectos es un asunto en el cual tienen que consultarse únicamente a sí mismos, un asunto en el cual no deben intervenir ni Dios ni los padres. Mucho antes de llegar a la edad madura, se creen competentes para hacer su propia elección sin la ayuda de sus padres. Suelen bastarles unos años de matrimonio para convencerlos de su error; pero muchas veces es demasiado tarde para evitar las consecuencias perniciosas. La falta de sabiduría y dominio propio que los indujo a hacer una elección apresurada agrava el mal hasta que el68 matrimonio llega a ser un amargo yugo. Así han arruinado muchos su felicidad en esta vida y su esperanza de una vida venidera." (Hogar Cristiano pg. 67,68.)

Cuando la persona no cuenta con ambos padres debe contar con el que tiene, y si no tiene ninguno entonces allí están los líderes espirituales, los ministros, obreros u hombres y mujeres adultos de experiencia que no dejan de estar dispuestos a contribuir en tu futuro. Siempre hay gente que será una bendición cuando en verdad se quiere honrar a Dios, siempre hay padres espirituales que serán una bendición en la búsqueda de esa persona para amar y un día casarnos.

"Honra a tu padre y a tu madre —que es el primer Mandamiento con promesa—, para que te vaya bien, y vivas largo tiempo sobre la tierra". (Efesios 6:2,3.)

Así que los jóvenes que buscan el noviazgo apropiado y próspero no dejan de ignorar la importancia de que ambos amen a sus padres, respeten sus consejos y sigan sus sugerencias en el temor de Dios.

Los jóvenes que aman a sus padres lo manifestarán en:

- Expresan a sus padres sus intenciones.
- Piden consejos de sus padres sobre la persona que les gusta.

- Oran juntos sobre tal persona o plan que desean.
- Son claros en todo lo que quieren y hacen.
- Quieren saber lo que piensan los padres de su pretendiente.

Los jóvenes que no aman a sus padres ellos:

- Esconden sus intenciones hacia alguien.
- No piden consejos.
- No avisan a donde van.
- Se enojan cuando se los aconseja.
- Se molestan cuando se les pregunta si ya oraron para tal relación.
- Mienten para poder seguir con una relación.
- Son hipócritas en como practican sus noviazgos, los últimos en saber son sus padres.
-

"Satanás tienta a los niños a ser reservados con sus padres, y a elegir sus confidentes entre sus compañeros jóvenes e inexpertos, entre aquellos que no les pueden ayudar, sino que les darán malos consejos. Los niños y las niñas se reúnen y conversan, ríen y bromean, y ahuyentan a Cristo de sus corazones y a los ángeles de su presencia por sus insensateces. La conversación ociosa, relativa a los actos ajenos, las habladurías acerca de ese joven o de aquella niña, agostan los pensamientos y sentimientos nobles, arrancan del corazón los deseos buenos y santos; dejándolo frío y despojándolo del verdadero amor hacia Dios y su verdad. Los niños quedarían a salvo de muchos males si fuesen más familiares con sus padres. Estos deben estimular en sus hijos una disposición a manifestarse confiados y francos con ellos, a acudir a ellos con sus dificultades, presentarles el asunto tal cual lo ven y pedirles consejo cuando se hallan perplejos acerca de qué conducta es la buena. ¿Quiénes pueden ver y señalarles los peligros mejor que sus padres piadosos? ¿Quién puede comprender tan bien como ellos el temperamento peculiar de sus hijos? La madre que ha vigilado todo el desarrollo de la mente desde la infancia, y conoce su disposición natural, es la que está mejor preparada para aconsejar a sus hijos. ¿Quién puede decir como la madre, ayudada por el padre, cuáles son los rasgos de carácter que deben ser refrenados y mantenidos en jaque?" (Joyas de Los Testimonios tomo 1 pg. 141,142.)

La persona que desea un noviazgo exitoso no puede dejar de buscar esta cualidad en la persona de su agrado, *debe amar a sus padres*. Todo lo que sugiera falta de respeto y amor a los padres es muestra que esa persona debe evadirse pues no tiene la bendición de Dios.

"Antiguamente, no se permitía a los hijos que se casaran sin el consentimiento de sus padres. Los padres elegían los cónyuges de sus hijos. Se consideraba delito que los hijos contrajesen matrimonio por su propia responsabilidad. Primero se presentaba el asunto ante los padres, y ellos habían de considerar si la persona que iba a ser puesta en íntima relación con ellos era digna, y si las partes contrayentes podían sostener una familia. Se consideraba de suma importancia el que ellos, como adoradores del verdadero Dios, no se uniesen en matrimonio con gente idólatra, a fin de que sus familias no fuesen apartadas de Dios. Aún después que los hijos se habían casado, se hallaban bajo la más solemne obligación para con sus padres. Su juicio no era considerado aún entonces como suficiente sin el consejo de los padres, y se les exigía que respetasen y acatasen sus deseos, a menos que éstos se opusieran a los requisitos de Dios." (Joyas de Los Testimonios tomo 1 pg. 141.)

21 - Ama A Su Prójimo

"No debáis a nadie nada, sino el amaros unos a otros. Porque el que ama al prójimo, cumple la Ley." (Romanos 13:8.)

Todo joven debe poner mucha atención a esta cualidad en la persona de su consideración, hay una verdad que proveerá una plataforma hacia el futuro social de un hogar buscado.

Amar al prójimo es luz en el sendero del amor. Esta cualidad aunque ignorada en la mayoría de las relaciones es de suma importancia para los que no sueñan solamente sino que desean construir un futuro con sabiduría e inteligencia. Esta cualidad en la persona que nos atrae provee mucha luz del tipo de carácter de quien estamos interesados. Esta característica en la vida de un joven es no solo importante sino necesaria pues ella señala la personalidad de quien somos atraídos.

Amar al prójimo es un asunto de hechos humanitarios, actos de bondad, servicio al público, la gente es su campo de labor. Pero aunque esto es verdad en la vida externa, es prioritario en su propia familia. Ella o él lo demostrarán con sus padres, hermanos y familiares. Nunca se dan a rogar cuando se trata de ayudar, limpiar o prestar servicio.

Por más insignificante que esto te parezca muestra cómo será en tu propio y futuro hogar. Si tú pareja o persona a consideración "solo" hace cosas buenas, bonitas y muy cortés a ti a tu familia pero lo contrario a su propia familia, ¿qué tipo de persona crees que es ella o él? De seguro todo, menos alguien a quien considerarás para un fin oportuno y feliz futuro en la vida.

Si eres soltero, te pregunto, ¿tienes amor al prójimo?, ¿te agrada ayudar a tu familia sin que te lo pidan? ¿Eres parte del equipo de tu iglesia para servir a otros, calles, actividades comunitarias? El amor activo no son palabras, es un puente que fusiona a uno con el otro humano. Es el lazo que une a la gente bajo el apoyo entre sí.

En la Biblia esta cualidad se ve con el buen samaritano (Lucas 10:33,) cuando otros, solo hablaban, pasando al lado del necesitado él o ella ayudan, sirven y dan de todo lo que pueden y se quedan tristes por no hacer más. Ningún joven tiene la posibilidad de amar a alguien sino ha ejercido esta cualidad antes y durante el noviazgo.

Se ve a las claras esta cualidad en la joven Rebeca (Génesis 24:45.) Ella amaba a Dios, a sus padres y sin duda a su prójimo. Por tener esto integrado en su personalidad ella fue la elegida para ser la futura esposa de Isaac o el heredero de la promesa Divina, la madre de Israel y naciones actuales (Génesis 17:5.) El amor al prójimo da grandes dividendos para una futura familia. Pero el amor ciego es tan estúpido que no lo ve, no lo acepta y aun se burla de ello. El falso amor no ve la necesidad de la humanidad. No tiene tiempo para nadie que no involucre sus propios intereses.

El amor al prójimo tiene el poder de evitar muertes, problemas y aplacar la riña. Así lo vemos en la vida de Abigail y David (Génesis 25:18-13.) David enojado quiso matar al esposo de Abigail pero ella por práctica del amor al prójimo pudo persuadir a David y desviar sus intenciones. Entender lo que alcanza, produce y logra este tipo de amor estaríamos ansiosos en tenerlo como jóvenes y buscarlo en la vida de quien deseamos tener al lado para toda una vida.

Esta cualidad abrió el camino para un reformador en los siglos pasados. Se cuenta que este joven siendo un monje en contra de la ley y su propia vida decidió ayudar a escapar a tres monjas, salvando sus vidas arriesgó la suya propia. Más tarde esta actitud Divina le abrió el camino a Martin Lutero encontrar a su esposa. Ella era una de las monjas que años atrás había sencillamente manifestado amor al prójimo, ayudándola a escapar del monasterio.

Amor al prójimo tiene el poder de expandir nuestro:

1. Carácter.
2. Personalidad.
3. Futuro.

Nos enseñará a perdonar, soportar y tolerar en amor. Es una escuela donde proveerá sabiduría, amabilidad, cortesía y poder humanitario. Todo esto es uno de los escalones como antesala al casamiento.

Así que recomiendo evaluar nuestra manera de servir, ayudar y atender voluntariamente las necesidades de los demás. Deberíamos preguntar, ¿le puedo ayudar? ¿Quién tiene nuestra atención cuando se trata de cuidar, ser cortés y amables? ¿Soportamos los malos olores, genios y palabras de aquellos cercanos y lejanos a nuestra vida? Si, si entonces tenemos futuro en una futura relación son sus buenos y malos y muy necesitamos momentos de ese amor al prójimo que al final, sabes, termina siendo para el bien de esa pareja que amas como para ti mismo. El que supo dar ayuda siempre recibe la bendición para otros con verdades incrementadas.

22 - Ama las Responsabilidades

¡Comerás del trabajo de tus manos, serás dichoso, y todo te irá bien! (Salmos 128:2.)

Aquí buscamos estabilidad en la persona. Sería un error grande y de los más grandes interesarse en alguien que no le guste estudiar, no tener una profesión, u oficio. Que error garrafal el fijarse o aceptar a alguien que no le guste el trabajo. Esto es pasado por alto por el amor ciego.

Independiente de la edad las personas responsables son identificadas muy temprano en la vida. Esto es visto desde la higiene personal, ayuda a los padres. Cumplen con su palabra o prometen.

Los muchachos con esta cualidad son aquellos que les gusta la:

- Higiene personal
- Su ropa limpia y en orden.
- **Les encanta el trabajo:**
  - *Sin son pequeños* obedecen y cumplen lo pedido por sus padres.
  - *Preadolescentes* manifiestan ciertas preferencias en lo que realmente les gusta hacer pero lo más importante es que lo hacen.
  - *Jóvenes* por voluntad propia ayudan en la casa:
    - Lavar su propia ropa.
    - Cortar el césped, limpian el jardín.
    - Barrer la casa.
    - Cocinan o ayudan con la madre.
    - Lavan los trastes.
    - Van de compras de alimentos, u otras cosas que los padres tendrían que hacer, etc.

Jóvenes con futuro que viven este mandamiento tienen su propio trabajo, utilizan su creatividad y negocian con ello. Tienen sus propias entradas. Ayudan con los pagos de la casa. En si ellos ya no tienen que ser mantenidos sino que voluntariamente provee una ayuda monetaria, manual o moral.

Mucha atención…….. Debes correr y evitar:
- Le molesta ayudar a sus padres.
- No les gusta estudiar o se han salido de la escuela.
- Quien siempre está pidiendo dinero prestado.
- Quien no les gusta trabajar.
- Quien no tenga dinero para las cosas básicas, (pagar el helado, comida o evento – especialmente el joven, hoy esto no parece importar pero mañana lo agradecerás saber que te lo haya recordado.

Si alguien bromea y dice: "es un haragán", "No le gusta trabajar", evitarlo con la firmeza como si hubieses recibo un mensaje del cielo. Este tipo de personas deben evitarse a toda costa si es que buscas en verdad una relación con futuro.

Los jóvenes con esta cualidad en la Biblia están:

- José (Génesis 37:2.) - Cuidaba ovejas.
- Daniel (Daniel 1:2, 4,17.) – Educado.
- David (1 Samuel 17:17,18.) – Obediencia a sus padres.
- Lavan (Génesis 24:29,31.) – Limpiaba la casa.
- Jacob (Génesis 25:29-31.)- Negociante.
- Jeroboam (1 Reyes 11:28.)- Muy esforzado.

Los jóvenes con estas cualidades en la Biblia están:

- Ruth (Rut 2:2.) – Compasiva, ayudó a su suegra a trabajar.
- María (Lucas 1:38.)- Dispuesta desde muy temprano a hacer la voluntad de Dios.
- Rebeca (Génesis 24:18-1.)- Hospitalaria, servicial.
- Muchacha (2 Reyes 5:2.)- Trabajadora.
- Abigail (1 Reyes 1:3,4.)- Atenta, servicial.

Cuando puedas lee lo que una joven vale, o joven que no deja de vivir esta verdad práctica, (Proverbios 10:4) y la joven que tiene estas cualidades es comparada con la mujer de (Proverbios 31.)

Jóvenes no podemos pasar esto por alto y aun esperar tener una relación que valga la pena invertir tiempo.

Mujeres que debes evitar son las que describe (Ezequiel 16:49.) **"Esta fue la maldad de Sodoma tu hermana: Soberbia, hartura de pan y abundancia de ociosidad tuvo ella y sus hijas. Y no fortalecieron al afligido ni al menesteroso."**

- Tienen todo a costa de otros.
- Son ociosas, no trabajan.

Estas mujeres de las cuales es importante no solo evitar sino aun no fijarse son las que tienen un carácter incontrolable, siempre se están peleando y no les gusta obedecer. Allí está el ejemplo de Vasti tal como lo dice el libro de (Ester 1:12,) "Pero la reina Vasti **no quiso comparecer** a la orden del rey enviada por medio de los eunucos. Y el rey se enojó mucho, y se encendió su ira."

Cuidado ellas son fieles en cumplir (Proverbios 14:1.) "La mujer sabia edifica su casa, *la necia con sus manos la derriba.*"

Señoritas entiende que la belleza, nobleza y dulzura de algún joven haragán no cubrirá tus necesidades en el futuro. Solo será una carga y vergüenza a tu lado, a Dios y a tu familia. Es importante que no fijes tu atención en jóvenes que no les gusta trabajar o que solo se la pasan soñando, el trabajar es una cualidad importantísima para los que desean un hogar aprobado por el cielo. Así que recuerda señorita lo que dice la Biblia.

"Sin embargo, en el Nombre de nuestro Señor Jesucristo, os ordenamos, hermanos, que os apartéis de todo hermano que ande fuera de orden, y no según la enseñanza que recibisteis de nosotros. Porque vosotros mismos sabéis de qué manera debéis imitarnos. Porque no vivimos ociosos cuando estuvimos entre vosotros, ni comimos el pan de ninguno de balde. Antes, trabajamos con esfuerzo y fatiga día y noche, para no ser gravosos a ninguno de vosotros. No porque no tuviésemos derecho, sino para daros un ejemplo que imitar. Cuando aún estábamos con vosotros, os dimos esta norma: **"El que no quiera trabajar, tampoco coma."** (2 Tesalonicenses 3: 6-10.)

La responsabilidad no es algo con que se nace si no se logra, aprende con la educación del hogar, es engendrada día tras día en las actividades, deberes, consejos e instrucciones de la vida.

Es comprensible que no podemos buscar a alguien que Todo lo pueda hacer, que sepa todo, que logre todo, pero encontrar a esa persona con esta cualidad el sabio dijo:

"Todavía no encontré lo que busco. Encontré *un hombre* entre mil, pero *ni una mujer* entre todas." (Eclesiastés 7:8.)

Realmente esta realidad lo creas o no es más considerado cuando lo encuentras como un "milagro". Dios permita la sabiduría para que podamos como jóvenes invertir nuestro todo en convertirnos en jóvenes que valgan oro, sabiduría y amor donde quiera vayamos y que sepamos que si nosotros recorremos este camino tenemos todo el derecho de buscar, pedir y encontrar lo mismo. Hombres y mujeres responsables son los que forman bellos y honrados hogares.

Entonces en breve no incluye todo pero diremos que una persona responsable es quien ama:

1. Ama la educación.
2. Ama el trabajo.
3. Ama el servir.
4. Ama ayudar.
5. Ama ser parte de lo que espera que otros sean.
6. Ama la aventura, busca opciones.
7. Ama resultados, acciones.
8. Aunque no lo creas siempre duerme tarde porque está siempre educándose, aprendiendo.
9. Ama levantarse de madrugada porque tiene mucho que realizar, trabajar y continuar o comenzar proyecto.
10. Ama los retos, metas y objetivos.

Indiscutiblemente los jóvenes que buscan un noviazgo con futuro y desean honrar a Dios y no lamentar mañana deben buscar a alguien que ama la responsabilidad mucho antes de que se conozcan y empiecen una relación.

Aquí no hablamos de relaciones casuales – está condenado, hablamos de una relación en serio y con propósito de encontrar esa persona que será la bendición al lado de toda tu vida.

Amar la responsabilidad tal vez nos quite por un momento el placer de tener una relación de noviazgo. Sin embargo todo tiene su tiempo y fruto para los que saben amar la responsabilidad y así lo es a las personas que dejan que las responsabilidades tomen el primer lugar en sus agendas de deberes. En el otoño de 1891 se matriculó en el curso de ciencias de la Universidad parisiense de la Sorbona una joven polaca llamada Marie Sklodowska. Los estudiantes, al tropezarse con ella en los corredores de la Facultad, se preguntaban: ¿Quién es esa muchacha de aspecto tímido y expresión obstinada, que viste tan pobre y austeramente? Nadie lo sabía a ciencia cierta: "Es una extranjera de nombre impronunciable. Se sienta siempre en la primera fila en clase de física."

Las miradas de sus condiscípulos la seguían hasta que su grácil figura desaparecía por el extremo del corredor. "Bonito pelo." Su llamativa cabellera, de color rubio cenizo, fue durante mucho tiempo el único rasgo distintivo en la personalidad de aquella tímida extranjera para sus compañeros de la Sorbona. Pero los jóvenes no ocupaban la atención de Marie Sklodowska; su pasión era el estudio de las ciencias. Consideraba perdido cualquier minuto que no dedicara a los libros.

Demasiado tímida para hacer amistades entre sus compañeros franceses, se refugió dentro del círculo de sus compatriotas, que formaban una especie de isla polaca en medio del Barrio Latino de París. Incluso allí, su vida se deslizaba con sencillez monástica, consagrada enteramente al estudio. Sus ingresos, algunos ahorros de su trabajó como institutriz en Polonia y cantidades pequeñas que le enviaba su padre, oscuro aunque competente profesor de matemáticas en su país natal, ascendían a cuarenta rublos al mes. Disponía, pues, al cambio, de tres francos diarios para pagar todos sus gastos, inclusive los de sus estudios universitarios. Para ahorrar carbón no encendía el calentador, y pasaba horas y horas escribiendo números y ecuaciones sin apenas enterarse de que tenía los dedos entumecidos y de que sus hombros temblaban de frío.

Llegó a pasar semanas enteras sin tomar otro alimento que té con pan y mantequilla. Cuando quería festejar algo compraba un par de huevos, una tableta de chocolate o algo de fruta. Este escaso régimen alimentario volvió anémica a la muchacha que unos meses antes había salido de Varsovia rebosante de salud. Frecuentemente, al incorporarse, sentía desvanecimientos y tenía que recostarse en la cama, donde a veces perdía el conocimiento. Al volver en sí, pensaba que estaba enferma, pero procuraba olvidarse de ello, igual que hacía con todo lo que pudiera entorpecer su trabajo. Responsabilidad, producción de su vida era su meta. Jamás pensó que su única enfermedad era la inanición.

Ni el amor ni el matrimonio figuraban en los proyectos de Marie. Dominada por la responsabilidad y pasión científica, mantenía, a los veintiséis años de edad, una decidida independencia personal. Pero toda fidelidad trae sus bendiciones, entonces conoció a Pierre Curie, científico francés. Pierre tenía treinta y cinco años, era soltero y, al igual que Marie, estaba dedicado en cuerpo y alma a la investigación científica. Era integro al llamado de su responsabilidad. Era alto, tenía manos largas y sensitivas y una barba pobladísima; la expresión de su cara era tan inteligente como distinguida por su entrega al trabajo.

Desde su primer encuentro en un laboratorio, en el año 1894, ambos simpatizaron. Para Pierre Curie, la señorita Sklodowska era una personalidad desconcertante; le asombraba poder hablar con una joven tan encantadora en el lenguaje de la técnica y de las fórmulas más complicadas... ¡Era delicioso! Pierre Curie trató de hacer amistad con ella y le pidió permiso para visitarla. Con cordialidad no exenta de reserva, la joven lo recibió en la habitación modesta que le servía de alojamiento. En medio de aquel desván casi vacío, con su rostro de facciones firmes y decididas, y su pobre vestido, Marie nunca había estado tan hermosa. Lo que fascinaba a Pierre no era solo su devoción por el trabajo, sino su valor y nobleza de espíritu. De esta manera nació lo que ninguno de ellos buscaba pero se dio mientras eran fijos en sus responsabilidades, el amor.

A los pocos meses, Pierre Curie le propuso matrimonio. Pero casarse con un francés, abandonar para siempre a su familia y su amada Polonia, parecía imposible para la señorita Sklodowska.

Hubieron de pasar diez meses antes de que Marie aceptara la propuesta. Pierre y Marie pasaron los primeros días de su vida de casados paseando por el campo en bicicletas compradas con dinero que habían recibido como regalo de bodas. Comían frugalmente y se contentaban con un régimen de pan, fruta y queso; paraban al ocaso en posadas desconocidas, y por el reducido precio de varios millares de golpes de pedal y unos pocos francos para pagar el alojamiento en los pueblos, disfrutaron de una larga luna de miel.

Recordemos que ser fieles a las responsabilidades siempre traerá grandes regalos y pagos inigualables.

23 - Ama El Crecimiento Personal

"Y Jesús crecía en sabiduría, en estatura, y en gracia ante Dios y ante los hombres." (Lucas 2:52.)

En la condición sicológica más pésima y lavando sus utensilios de cocina en su bañera se encontraba este joven decepcionado por la vida. Obeso y sin dinero. Despertó un día a la realidad que todo podía cambiar si él deseaba. Se propuso levantarse de donde estaba. Se dedicó a educarse tanto en la escuela como por su propia cuenta. En unas de sus presentaciones contaba que leyó alrededor de cientos de libros.

Llegó a amar el crecimiento personal. Dedicó días, horas, meses y años a su propio crecimiento y aplicando a su propia vida todas las verdades aprendidas encontró su destino – ayudar a la gente a superar sus obstáculos sicológicos, sus miedos y debilidades. Se volvió un consejero, mentor y motivador profesional.

Lo que más me llama la atención es que él mismo cuenta que en todo esto no solo se recuperó sicológicamente él mismo, superó sus temores y se abrió el camino a la fortuna económica. Cuando él pudo amar el crecimiento personal, pudo amar todo reto y con la ayuda de Dios no solo encontró el llamado de su destino, dinero sino su amada esposa también. Su nombre es Robert Anthony escritor y mentor profesional.

Amar el crecimiento personal no es otra cosa que buscar el desarrollo del carácter, una personalidad genial excelente y exitosa. No puede esto ignorarse pensando que lo que importa es solo, "me ama". El carácter es el eje de la verdad de la persona tanto ayer, hoy y mañana.

"Hay deberes que atañen al cuerpo y deberes que atañen al alma, y cada ser humano debe colaborar con Dios en sus esfuerzos por satisfacer a ambos... No os avengáis a ser moldeados por un molde vulgar. Los jóvenes necesitan un sano sentido común, porque están viviendo para dos mundos..."

"Aplicad la verdad a vuestro caso individual. Tenéis un alma que salvar o un alma que perder. Tened una voluntad personal, pero sometedla a la voluntad de Dios. Decidid que no os airaréis, que no seréis autosuficientes, que no obraréis apresuradamente ni seréis dominantes. Si éste es vuestro punto débil, cuidad ese punto como se cuidaría un miembro fracturado. Cuidad vuestro espíritu y no permitáis que os venza un espíritu precipitado. Examinad cuidadosamente los puntos débiles de vuestro carácter, sabiendo que los males que existen pueden vencerse rehusando firmemente ceder a vuestras debilidades. El mal de una complacencia apresurada y perversa del temperamento enloquece a cualquier joven. Mantened la cordura. La respuesta blanda aparta la ira. El mal puede crecer, y crecerá... mediante la repetición."

"No subestiméis la importancia de las cosas pequeñas porque sean pequeñas. Estos pequeños defectos se acumulan por acción y reacción, y se unen como varillas de acero. Esa pequeña acción, esa palabra descuidada, se convierten en hábitos por la repetición,... y los hábitos forman el carácter..." (A Fin de Conocerle pg. 211.)

¿Te gusta el carácter que tú posees hoy? ¿Eres feliz con tu personalidad? ¿Te gusta el carácter de la persona de tu interés? ¿Cómo se porta con sus padres? ¿Qué le atrae a él o ella? ¿Es espiritual? ¿Qué música le agrada? ¿Cuál es su dieta? ¿Dieta? Si la dieta tiene mucho que decir del carácter de la persona también.

Temor de Dios era lo que estaba en su corazón. Había aprendido de sus fracasos anteriores, reconoció su incapacidad de elegir por sí mismo. Aprendió a dejarlo en las manos de Dios sus planes. En este proceso este joven entendió que de Dios viene la mujer bendecida, del cielo llega la sabiduría de poder elegir la mujer idónea. Lo más interesante que él aprendió en la vida fue entender que la sabiduría, temor a Dios y belleza de una mujer no se mide de los pies a la cabeza sino en el carácter, personalidad y cualidades internas que tengan una hija o hijo de Dios.

La persona que pregunte cosas así tiene la base, intención o fundamento para el mejor desarrollo de su carácter y si se pregunta esto para con quien le gusta o atrae hace buena inversión de tiempo en hacerlo.

El desarrollo personal debe en mi opinión no ser algo buscado sino amado, entregada toda nuestra energía, sabiduría y concentración. Este tipo de desarrollo es la bendición de estar siempre aprendiendo y desaprendiendo. Es el proceso del mejoramiento. No somos perfectos pero no es obstáculo para ser mejores, si mejores cada día. Aquí estamos enfocando la necesidad de entender que el desarrollo del carácter debe ser prioridad en nuestra propia agenda, planes y hábitos. La misma ley es aplicable a todos los que deseamos un futuro mejor.

"Cada período de la vida ofrece oportunidades especiales para trabajar, a medida que pasan los años, y hay que usar cada año que pasa para mejorar al máximo la capacidad humana. Esto, con la ayuda de los instrumentos Divinos, producirá mejoría, se avanzará hacia adelante y hacia arriba, a medida que adelantamos paso a paso por la senda segura que conduce al cielo." (Elena de White,) (Manuscrito 28, del 4 de Octubre de 1896.)

Perfección es el deseo que motiva, inspira y busca superar los malos rasgos, avanzar en nuevos hábitos. Perfección existe cuando se reconoce los errores y se hace algo para cambiarlos por hechos conscientes hacia el bien y mejoría. Así que esta cualidad busca que el joven o señorita desee mejorar siempre en:

1. El amor.
2. En la paciencia.
3. En bondad.
4. En la cortesía.
5. En sus hábitos.
6. En su fe.
7. En su dieta
8. En sus relaciones.
9. En la sociedad.
10. En la educación.
11. En su espiritualidad.
12. Consagración.

Estas personas aunque gozan de su estado presente en términos de carácter no están conformes con él, porque desean, quieren y buscan estar mejor. Ellos no se dejan engañar con que no pueden cambiar. Ellos saben que pueden ser mejores. Aspiran solo a lo mejor. A lo excelente, a lo que es puro y recto. Lo justo es parte de su carácter todos los días.

Estas aspiraciones constantes los llevan a evaluar su presente, hacen los arreglos y tienen sus momentos de reflexión donde se encuentran con ellos mismos, con Dios y con la antigua verdad que el desarrollo personal es necesario y debe ser continuo.

El Maestro de maestros lo dijo con la siguiente analogía Divina de crecimiento continuo:

"Decía además: "Así es el reino de Dios, *como el grano que el hombre echa* en la tierra. Y ya duerma o se levante, de noche y de día, _la semilla brota y crece_ como él no sabe. *Porque la tierra da su fruto por sí misma: primero hierba, luego espiga, después grano lleno en la espiga."* (Marcos 4:26-28.)

Ellos preguntan: ¿Cuánto he crecido? ¿Cuánto he aprendido? ¿Qué puedo hacer para superar esto o aquella debilidad? ¿Por qué me equivoqué otra vez? ¿Dónde estoy hoy? La aspiración somete la conciencia a un exámen de la verdad de que el carácter y personalidad debe siempre estar evolucionando.

Básicamente amar el crecimiento personal es evaluación constante, búsqueda de mejoría y superando debilidades, adquiriendo actitudes, habilidades, capacidades y hábitos dignos, aceptables, y aprobados por la verdad de que tu carácter es tu tesoro y firma en toda la vida.

"Hay que recordar que la juventud está formando hábitos que, en nueve casos de cada diez, decidirán su futuro. La influencia de las compañías que tienen, de las amistades que entablan y de los principios que adoptan, los acompañarán toda la vida." (Mente Carácter y Personalidad pg. 622.)

Es importante entonces que no solo queramos ser mejores sino vivir mejores. Esta verdad se vive, se practica y es viva en todo sentido. Estas personas no solo respetan, son responsables, sino que antes de amar a un joven o señorita ellos aman a Dios, sus padres y amigos y créelo también a los animales. Así su amor crece y cuando es cuestionado crecen, mejoran y aprenden que el mejor acto de crecimiento personal en términos del amor es amar, y "perdonar" lo que no se esperaba.

Así que el desarrollo personal es aceptado y buscado en la juventud cristiana que busca futuro en la vida en general como en una relación con futuras intenciones de matrimonio. Diré; bendito el joven que encuentre a alguien que ame el desarrollo del carácter continuo, bendito aquel o aquella persona que halle a quien le encante el mejoramiento constante de su personalidad. Tener esta cualidad es básicamente encontrar un futuro exitoso en lo que es una relación.

24 - Ama Cuidar Su Carácter

"Mejor es la buena fama que el buen perfume..." (Eclesiastés 7:1.)

"Un buen carácter es un capital de más valor que el oro o la plata. No lo afectan los pánicos ni los fracasos, y en aquel día en que serán barridas las posesiones terrenales, os producirá ricos dividendos. La integridad, la firmeza y la perseverancia, son cualidades que todos deben procurar cultivar fervorosamente; porque invisten a su poseedor con un poder irresistible, un poder que lo hará fuerte para hacer el bien, fuerte para resistir el mal y para soportar la adversidad." (Consejos Para los Maestros, pág. 174.)

- Es un ejemplo.
- Es fiel.
- Es honesto.
- Es justo.
- Cumple su palabra.
- Su reputación es protegida siempre con la verdad.

Quien no logre la capacidad y voluntad de amar el "cuidar" su propio carácter, es una brújula que no sirve. Realmente el carácter es la firma que sella para bien o mal su futuro de nuestra existencia. Es el marca pasos que demuestran quien es uno en realidad.

Cuando estamos en busca de esa persona debemos tener esta cualidad en cuanta. Si la persona en cuestión no ama su carácter, no cuida su carácter y le da lo mismo su reputación, créeme que será una desgracia en tu vida si sigues con ella o él.

No hablamos aquí de fingir algo que no somos, hablamos de cuidar y apreciar lo que hemos llegado a ser. Hoy día los jóvenes cristianos han perdido el respeto a su propio carácter. Esto es visto en un sin número de casos vividos día tras día en el hogar, en la iglesia y sociedad.

"La exhortación a escudriñar las Escrituras nunca fue más oportuna que ahora. Vivimos en una época de inquietud, y la juventud participa profundamente de su espíritu. ¡Ojalá que se les haga comprender la importancia y el peligro de la posición que ocupan!... Ninguna generación pasada tuvo ante sí acontecimientos tan importantes como los que están frente a la generación actual. Nunca los jóvenes de cualquier época o país fueron observados tan seriamente por los ángeles de Dios como lo son los jóvenes de hoy. Todo el Cielo observa con intenso interés cada indicio del carácter que están formando, para ver si, cuando sean probados, permanecerán firmemente del lado de Dios y el bien, o serán arrastrados por las influencias mundanas." (A Fin de Conocerle pg. 196.)

Muchos jóvenes han perdido todo en un segundo de placer. Asistir a un bar, emborracharse, fumar o endrogarse. Todo en un segundo cuando sencillamente no quiso proteger su carácter sino aventurarse a pensar que nada pasaría después de cualquier acción indebida.

Recordemos que los pensamientos, y acciones, el carácter existe bajo – pensamientos, deseos, anhelos que repetidas veces llegan a ser hábitos y ellos repetidos forman el carácter que tenemos o podemos ser.

Joven te pregunto, ¿amas tu carácter? ¿Cuidas tu carácter? ¿Tienes un carácter aprobado? El carácter se construye, se forma por voluntad propia reconocida y no reconocida. Lo formamos bajo nuestras elecciones, decisiones y educación de cualquier índole que impacten nuestro pensar. Nadie es responsable de lograrlo, nosotros mismos somos los creadores de él. Así que el lograr un carácter se hace necesario que aprendamos a desarrollarlo y decidamos protegerlo constantemente. La clave de esto está en querer y hacerlo.

Es un ejemplo. Cuidando su carácter esta persona es un ejemplo de lo que desea que la humanidad sea. No hay mejor carácter que el que practica lo que cree, enseña y predica. Hoy día se habla mucho. Hoy día se espera mucho de otros y lamentablemente se exige poco de nosotros mismos. Pero el que cuida su carácter se desarrolla de tal manera que es un ejemplo de lo que desea y espera que otros sean.

El que cuida siempre su personalidad siempre busca ser fiel a su verdad, fiel a su visión, fiel a su misión, fidelidad a todo lo que provee bendición en sus pensamientos que gritan en acciones que afectan a la vida, familia y así a la humanidad.

Fidelidad es base y parte de un carácter que tiene éxito solo cuando se protege y desarrolla, recuérdalo. Nadie tiene éxito si no desarrolla y "protege" su carácter. Ello exige toda nuestra atención. Si no somos fieles a nuestra propia verdad y principios ¿cómo lo seremos para otro que está al lado nuestro?

Tal persona es honesta. Honestidad es un ingrediente importante en el carácter de la persona que se busca como pareja, pues es base en lo que se piense, haga y se relacione con el carácter de ambas personas involucradas en una relación. Honestidad siempre camina con la verdad. Hoy día se acostumbra no decir "toda" la verdad porque le va a doler, porque no deseamos crear más problemas. Hoy día se permiten mentiras blancas en nuestras vidas y eso abre el camino para mayores mentiras que nos llevan a ser deshonestos tanto en nuestras vidas personales, en la familia y sin duda en nuestras relaciones.

Si tu mientes al salir con tus amigos a tus padres, nadie sabe lo que ves en internet y las cosas que te gustan cuando estás solo, es más que probable que la deshonestidad es parte de tu carácter. Este es el camino que odia cuidar su carácter.

Vivir la verdad, decir siempre la verdad y sostener y defender siempre la verdad nos permitirá desarrollar ese carácter que trae éxito en una relación bendecida por Dios.

El que protege su carácter siempre se hará preguntas como: ¿Por qué pienso esto? ¿Necesito ser más claro y veraz? ¿Por qué negué información? ¿No mentí? ¿Refleja eso mis principios?

Honestidad es un asunto de conciencia, de verdades internas, sensores invisibles que señalan peligros pero que dejan a nuestra merced y propia voluntad el hacer o no lo correcto.

Es justo. La justicia es parte integral del carácter que debe protegerse. Esta persona no hace lo que siente sino lo que sabe es justo, recto y honesto. Al examinar mucho de lo que se hace no es justo y recto tal como iniciara una amistad con intenciones de placer, por soledad o sencillamente porque quiero tener a alguien a mi lado. Escribir cartas electrónicas a personas que a veces ni conocemos, escuchar los chismes de alguien no es justo y degrada nuestros caracteres.

Justicia es la belleza de la verdad en todo lo que pensamos, hagamos y expresemos. Así que justicia es en este contexto de los que cuidan su carácter:

- Ama por principio, no emociones.
- Tratar a todos bien porque todos son miembros de la familia humana.
- Evita el chisme, bromas.
- Tiene temor de Dios.
- Exalta lo que enseña la palabra de Dios.
- Siempre se pregunta que aprueba el Señor.
- Es transparente en sus acciones e intenciones.

Justicia no es otra cosa que un estilo de vida. Uno elige como vivir, como pensar y como representarse en lo privado y público con lo que es verdad y sola la verdad. Este estilo de vida sugerida aquí es aquella que la juventud elige por voluntad propia.

En la madurez de personalidad quien protege su carácter siempre cumple con su palabra. Si no puede cumplir no se compromete. *No hace promesas.* Este tipo de jóvenes aprenden que su palabra es su firma. Su palabra en donde quiera representa su carácter. Debemos aprender a seleccionar nuestras palabras porque ellas son nuestros agentes que representan lo que somos.

Todos los que cumplen lo que dicen y temen fallar son personas que siempre están bajo una disciplina constante de mantenerse superando todo lo que no es recto, real y a tiempo. Son fieles a todo lo que dicen, no mienten. Estos evitan jugar con las emociones de hombres y mujeres utilizando palabras bonitas. Esas charlas ya sean en persona, internet o mensajes de texto, palabras con doble intención sin haberse declarado con fija y determinada razón, no debe permitirse. Ellos no solo tienen la capacidad de seleccionar sus palabras sino saben de antemano lo que quieren y así no pierden palabras en el aire en relaciones a corto plazo.

En conclusión aunque lo que he mencionado aquí no cubre todo lo que en cada criterio seria proteger su carácter sé que lo dicho es más que claro y ayuda a que avancemos a la verdad de un carácter protegido. Así es entonces necesario mantenernos en la educación de una vida respetable, manteniendo siempre las antenas de nuestra conciencia alertas a cualquier cosa que pueda echar a perder nuestra reputación.

"Los cristianos pueden mantener una reputación limpia si son cristianos, es decir, como Cristo." (Alza Tus Ojos pg. 135.)

La reputación es un tesoro que muchos ignoramos. Sepamos que una reputación en la vida lleva años construirla pero un segundo perderla.

Nuestra reputación es formada por el tipo de carácter que tenemos, por el nombre de nuestra familia, por la educación que perseguimos, por los amigos que tenemos. Por los éxitos logrados o fracasos evitados, vividos y encontrados. Nuestra espiritualidad tiene un papel importante en su formación. Así como las acciones en la vida, en la familia y claro en los noviazgos repercuten tarde que temprano en la experiencia de cada uno de nosotros.

Así que te pregunto ¿tienes reputación? ¿Cuál es tu reputación? La moralidad tiene un gran papel en esto. Todo lo que hemos pensado, hecho y deseamos hacer con alguien tiene el poder de manifestar la intimidad de nuestros deseos, intenciones y planes. Dios permita y nos ayude a entender que el carácter tiene el valor de toda una vida y es la única base sobre la cual debe juzgarse a alguien hasta su muerte.

"Un hombre puede no tener una apariencia agradable; pero si tiene reputación de trato honesto y justo, es respetado... Un hombre que se adhiere sinceramente a la verdad gana la confianza de todos. No sólo confían en él los cristianos; los mundanos se sienten forzados a reconocer el valor de su carácter." (Dios Nos Cuida pg. 336.)

Por lo tanto todo el que quiere cuidar y proteger su carácter recuerde que no es seguro apartarse en lo más mínimo de la más estricta integridad. Escrito está que debemos alejarnos de "...toda especie de mal" (1 Tesalonicenses 5: 22.)

Así que si quieres estar orgulloso de tu persona, manifiesta sabiduría en la manera en que cuidas tu carácter y si deseas ser feliz siempre recuerda que una persona sin carácter con buena fama no vale la pena pues será tu desgracia más merecida.

Los que no protejamos nuestra reputación lamento decirles que tendremos que pagar un gran precio el día de mañana. Porque la reputación de la pareja elegida y la tuya debe elevarlos y no destruir su imagen.

"La formación del carácter es una obra de suma importancia. Es una tarea que no termina en esta vida, sino que continúa en la futura." (Cada Día Con Dios pg. 37.)

25 - Ama Su Salud

"Espinos y lazos hay en el camino del perverso, el *que cuida su vid*a se aleja de ellos." (Proverbios 22:5.)

Salud en la vida de cualquier persona es "riqueza" abundante. Salud es indispensable cuando se trata de establecer y buscar futuro en la vida. En esta sección deseo señalar que *salud física, spiritual y mental* es no solo importante sino indispensable en ambos jóvenes que buscan una relación con planes de casamiento.

La salud mental es de los tres más necesario cuando se trata de tener estabilidad y crecimiento en la salud espiritual y físico. Si nuestras mentes no tienen salud nos llevará a formar caracteres falsos o inestables. La mente enferma es la causante de malas elecciones, decisiones que han hecho tropezar a un sin número de jóvenes no solo en sus vidas privadas sino también en las familiares y sociales.

"Como piensa el hombre, así es" (Mente Carácter y Personalidad pg. 241.)

Tenemos algunos ejemplos de mentes enfermas, decisiones incorrectas y elecciones importantísimas:

1. La mujer de Potifar, manifestó el espíritu de terquedad por estar con José, mujer casada quería que otro hombre – José se acostara con ella. (Génesis 39:7, 16,17.)

Mentes enfermas no tienen la capacidad de tener control de lo que piensan, de lo que quieren y de lo que buscan. Se manifestó terquedad, inestabilidad y confusión en el siguiente ejemplo.

2. El hijo de David llamado – Ammón de (2 Samuel 13:1 6, 11, 13,15.)
    *   Aquí encontramos que primero le gustó su propia hermana.
    *   Segundo se enamoró de ella.
    *   Tercero fingió que estaba enfermo.

- Cuarto con su mente enferma falló en razonar, no pudo balancear sus pensamientos.
- Quinto abusó de su propia hermana.
- Sexto el amor obstinado y sin sentido se volvió Odio.
- Séptimo – cosechó lo que sembró, deshonra y muerte.

Una mente enferma no razona, hace cosas que disfraza bajo amor, luego se destruye así misma sin darse cuenta. He allí la bendición de preguntarnos, ¿cómo están nuestras mentes? Nuestros pensamientos dirán todo, nuestros deseos, hechos y elecciones testifican de ella.

"Pero cuando la conciencia es guiada por las percepciones humanas, que no están subyugadas ni suavizadas por la gracia de Cristo, la mente está enferma. Las cosas no se ven en su verdadera relación. La imaginación se sobreexcita, y el ojo de la mente ve las cosas bajo una luz distorsionada y falsa."(Mente, Carácter y Personalidad pg. 330.)

En el contexto de buscar una relación bendecida es de suma importancia encontrar a alguien que tenga en todo sentido de la palabra, "una mente sana" y eso no es difícil de encontrar si nosotros también la tenemos. Personas que poseen mentes sanas son aquellas que el "temor de Dios" es primordial. La ley que dicta sus pensamientos, deseos y planes está basada en su palabra, "Toda tu Palabra es verdad, tus justas leyes son eternas. Guardo tus testimonios." (Salmos 119:160,167.)

Una mente sana es balanceada, ella no es dirigida por lo que siente sino ella es la que dirige lo que siente, cuando y con quien. Ella tiene la bendición de razonar de causa a efecto. Ella pregunta, ¿esto o aquello es la voluntad de Dios? No es terca sino que expresa: "hágase tu voluntad." (Mateo 26:42.)

También la salud espiritual es necesaria en la vida de cualquier individuo pero más importante aún en aquella persona que atrae nuestra atención. De ante mano te digo, si esta fase no se considera con cuidado tu espiritualidad y religión saldrán tan rápido se casen como el agua en una tubería rota.

Vida espiritual es la regla en dos jóvenes cristianos que buscan un noviazgo. Si uno de ambos no tiene espiritualidad de seguro será un obstáculo que llevará esa relación al fracaso o muchos problemas indeseados.

Muchos cometen el error de pensar que no importa si la persona es o no espiritual. Lo que les importa a ellos es que sean "apuestos", "guapos", de buen "carácter", etc. Eso es bueno pero no suple lo que provee una vida saludablemente espiritual. Si tal relación se da sin que ambos sean espirituales es una señal de que pronto habrá bancarrota espiritual.

La persona que no es espiritual debe descartarse inmediatamente, entendamos no hay opciones solo elecciones en esta área.

Una persona espiritualmente enferma es aquella que no practica lo que sabe de la Biblia, es aquella que de vez en cuando va a los servicios de la iglesia. No le gusta leer su Biblia, "sistemáticamente". Ellos son descubiertos cuando dicen: es que estoy muy ocupado con la escuela, trabajo y proyecto que ya no he podido "orar", estudiar o ir a la iglesia. ¡Cuidado! Está enfermo espiritualmente.

"Vuestra misma complacencia propia demuestra que lo necesitáis todo. Estáis espiritualmente enfermos, y necesitáis a Jesús como vuestro médico." (Joyas de Los Testimonios tomo 2 pg. 98.)

Por años me he dado cuenta que estas personas enfermas espirituales son buenos para jugar con los sentimientos de los otros, tienen buena labia y siempre están prometiendo que "mejorarán" en las cosas de Dios, son una promesa viviente, eso es todo lo que son.

La verdad joven y señorita si tienes una novia, novio así, tú terminarás lejos de Dios, si es que no ha ocurrido ya. Si tienes a alguien así y planeas casarte pensando que casándote esto cambiará, estás completamente equivocado y lamentarás. Este tipo de gente si no cambia ahora y antes de casarse con su pareja jamás ocurrirá.

¡Ojo!, estas personas les gustan las "aspirinas" y aparentemente sanan. Esto quiere decir que si cambian, van a la iglesia o lean su Biblia y oran *pero lo hacen solo contigo*. Es casi posible que lo hagan solo cuando "tu" se lo pidas. ¿Ellos nunca cambian y si Dios no puede con ellos y su propia voluntad que podrás tu hacer o cuánto durará tu intención en cambiarlos o esperar que cambien? Pérdida de tiempo y te engañas voluntariamente.

"El alma necesita alimento, y a fin de conseguirlo, debe estudiarse la Palabra de Dios. Para curar la enfermedad es esencial inspirar aire puro. Y no es menos esencial que la atmósfera que respiramos en la vida espiritual sea pura. Esto es imprescindible para el crecimiento saludable en la gracia. Respiren la atmósfera pura que produce pensamientos puros y palabras nobles. Escojan asociarse con los cristianos. *El cristiano no tendrá salud espiritual a menos que sea cuidadoso con respecto a sus compañías. . ."* (Alza Tus Ojos pg. 172.)

La salud espiritual es de suma importancia en la vida de todo joven que busca una relación estable y fructífera. Ningún joven puede darse el lujo de darse unas vacaciones en cualquier relación y pensar que en cualquier momento puede volver al camino correcto. Todo tiene sus consecuencias y las hay con graves resultados. La vida espiritual, esa salud es necesaria para el éxito de cualquier relación.

Por último pero no menos importante es la salud física. Dios es un Dios de salud y eso desea en cada uno de sus hijos. Al buscar esa pareja debe considerarse nuestra salud física y la de ella o él. Entiendo que en un futuro matrimonio formamos una familia y para ello la salud es de suma importancia considerarla.

"Puesto que la mente y el alma hallan expresión por medio del cuerpo, tanto el vigor mental como el espiritual dependen en gran parte de la fuerza y la actividad físicas; todo lo que promueva la salud física, promueve el desarrollo de una mente fuerte y un carácter equilibrado." (Educación pg. 195.)

Es en circunstancias extremas que personas limitadas físicamente, enfermas han logrado éxito en un hogar, una familia, un matrimonio que surgió de algún noviazgo. La gran mayoría que se ha casado, con alguien enfermo, y no lo sabía o se cegó a algún gusto después de la luna de miel llegan a la realidad, y empiezan la amarga verdad que no estaban sanas.

Cuando se piensa con la mente y se sondea el futuro que buscamos no hay nada de malo en investigar la vida pasada del individuo. ¿Su familia tiene alguna enfermedad hereditaria? ¿Si encuentro que su familia tiene una enfermedad, estaré satisfecho con mi futuro? ¿Quiero que mis hijos tengan la misma enfermedad? Algunos han tenido una vida liberal antes de conocer a Dios y lamentablemente llegan a Jesús literalmente enfermos. Si al conocer a alguien, y así decides avanzar con esa relación, solo debes recordar que fue y es tu propia elección.

Pero sabes, lo más triste es que no sepas que la persona amada estaba enferma, o su familia tiene alguna enfermedad hereditaria y te das cuenta de ello hasta después de casados.

Así entonces los jóvenes que desean éxito en sus vidas aman su salud, buscan salud, crean salud a toda costa. Protegen su salud mental porque saben que allí está el tesoro más grande para sus elecciones, decisiones y visiones del futuro que construyen hoy. Gran parte de lo que compone el éxito entonces de una relación buscada está en la salud mental, espiritual y física. Nada de esto pasa inadvertidamente. Para tal salud recomiendo una dieta especial tal y cual jóvenes que lo practiquen no serán dejados sin grandes resultados y ventajas en la vida con respecto a la salud en general.

"No se puede repetir con demasiada frecuencia que todo lo que entra en el estómago afecta no sólo al cuerpo, sino finalmente también a la mente. El alimento pesado y estimulante afiebra la sangre, excita el sistema nervioso y con demasiada frecuencia embota la percepción moral, de modo que la razón y la conciencia son dominadas por los impulsos sensuales. Es difícil y con frecuencia casi imposible, que tenga paciencia y dominio propio el que es intemperante en la alimentación." (Mente Carácter y Personalidad pg. 241, 242.)

Para las tres áreas mencionadas recomiendo el "vegetarianismo". Esto es Bíblico lo vemos en (Daniel 1:8,17.) Allí vemos los beneficios de ello. Recordemos que nosotros somos lo que ingerimos por la boca, los ojos y oídos. Así que recomiendo:

Dieta Para Salud Mental:
- Lectura de libros edificantes.
- Música que eleve y ayude el desarrollo de pensamientos dignos, positivos etc.
- La reflexión constante,
- La reevaluación.

Al hacer esto te darás cuenta que todo ello viene de las cosas que nos enfocamos, y viene de lo que vemos, olemos, miramos y tocamos.

Dieta Para Vida Espiritual.
- Lectura de la Biblia.
- Libros de índole espiritual.
- Orar – consistentemente.
- Asistir a la iglesia por voluntad propia.
- Involucrarse en el roll de ayudadores en la iglesia, comunidad, predicadores, coro, actividades juveniles.
- Obra misionera.
- Campamentos cristianos.

Dieta Para la Salud Física:
- Una dieta especial y estricta de no carnes, no sodas, no comida muy condimentada.
- Mucha agua natural, jugos.
- Ejercicio como caminatas, correr, trotar, nadar y mucha obra misionera a pie de casa en casa.

Dieta En General:
- No música mundana.
- Menos películas.
- Menos televisión.
- Menos teléfono

"Amado, deseo que prosperes en todo, y tengas salud, así como prosperas espiritualmente." (3 Juan 2.)

Ocho Principios Para Un Noviazgo Con Futuro

1. El fundamento
El amor verdadero versus infatuación

2. Las paredes
Principios que proveen no solo relación sino carácter

3. Las ventanas
Los valores

4. Las puertas
Reglas

5. El techo
El ojo Divino

6. El hombre
No debe olvidar la responsabilidad

7. La mujer
No debe olvidar la responsabilidad

8. El jardín
Cuidado intenso, la belleza de una relación no nace sino que se HACE.

26 - El Fundamento – Principio 1

"El amor sea sin fingimiento. Aborreced el mal, seguid el bien." (Romanos 12:9.)

El principio del fundamento dicta la importancia de entender que el entrar en una relación de noviazgo cristiano estamos simbólicamente emprendiendo la construcción de una casa – el matrimonio, hogar futuro.

La razón porque tantos jóvenes no logran casarse es porque desde el inicio de una relación sus objetivos no están definidos, están confusos o sencillamente tienen un falso fundamento que como ya sabemos no se sostiene en los momentos de prueba, luchas y se caen – terminan.

La vida nos ha mostrado que cuando uno pone un mal fundamento la casa tarde que temprano se derrumba. Algunos jóvenes no tratan más que un mes en sus relaciones y terminan, otros 2 años y fracasan y otros van al extremo como 5 años, 6 solo para darse cuenta que no son el uno para el otro. Tarde pero se dan cuenta que perdieron su tiempo. La gran pregunta es ¿por qué? Sencillamente ya durar un mes, un año o seis, nada funcionó, porque en su mayoría no tenían un fundamento correcto y estable para construir una casa – relación, noviazgo y finalmente matrimonio. El fundamente que se ponga desde el inicio dictará lo que se construye.

Hemos sermoneado mucho sobre la gracia, la fe y el cielo, sin embargo lamentamos porque nuestros jóvenes se van de la iglesia, no se casan pero si se juntan con alguien a vivir, nuestras hijas embarazadas, hijos con una buena lista de noviecillas. Encontramos matrimonios fracasados y cuantos no quisieran arreglar "todo" con una oración. No importa cuántas veces alguien quiera arreglar las paredes o techo de una casa, si el fundamento está mal, jamás podrán tener una casa – relación estable que funcione y futuro de llegar a ser un hogar feliz.

En el noviazgo el principio número 1 es el fundamento, esto es el centro de lo que dictará nuestras acciones en la relación por lo tanto después de tanta reflexión e investigación concluyo que el fundamento de un noviazgo con futuro es el amor. Nada tiene sentido si no hay amor verdadero. Así que: "El Señor acreciente el amor entre vosotros, y hacia todos, como es también de nosotros hacia vosotros." (1 Tesalonicenses 3:12.)

El amor después de siglos sigue y será el fundamento de cada relación próspera, así lo es para con Dios, la familia y para un noviazgo inteligente y Divinamente iniciado. Algunos podrían argumentar, ¿cómo puede ser el amor el fundamento cuando el noviazgo es precisamente para conocer y no para amar a una persona, allí nace y no se llega con ese amor? Es cierto, sin embargo el que empieza una relación sin tener, que esperar, expresar y poder dar amor tendrá un fracaso.

El punto es que desear un noviazgo sin tener amor para dar, iniciar un noviazgo solo para tener una compañía pasajera, iniciar un noviazgo solo para placer y matar la soledad es mentira, es un error y no tiene la bendición del cielo. Si tú no tienes amor para dar, si no quieres amar y si no estableces tu prioridad desde el inicio de tu relación, cosecharás todo menos un matrimonio.

"Todas vuestras cosas sean hechas con amor." (1 Corintios 16:14.)

El amor como fundamente establece los parámetros, las reglas y verdadera razón de buscar e iniciar un bendito noviazgo. Este tipo de personas que no creen que uno debe ya tener amor para dar solo logran relaciones, encuentran a alguien solo para platicar, salir y reemplazar soledad, tristeza y en muchas ocasiones desilusionadas con otra persona previa, que tontería, que traición al verdadero amor.

El amor verdadero en uno hace que antes de iniciar una relación se asegure de tener este, el amor Divino. Este amor no se logrará en una relación, se posee mucho antes de encontrar una pareja. Este amor es el que reconoce a Dios como única fuente de cada paso dado con sabiduría en nuestra vida.

Este amor permite que el individuo *manifieste sabiduría* antes de elegir a una persona. Su inteligencia viene de Dios porque este amor nace en la palabra de Dios. La palabra de Dios es lo que dará a saber no lo que el joven quiera elegir sino proveerá la sabiduría para saber elegir, escoger entre lo que es bueno o malo, da la sabiduría para hacer una elección correcta. Este fundamento en verdad trae un poderoso éxito al empezar un noviazgo con futuro.

Este amor permite al joven ir en busca de una pareja que *haga de la oración* un hábito, el centro de meditación, el lugar para considerar sus opciones, oportunidades y perplejidades en que aventurarse, que buscar y proponer. El joven no solo ora cuando ya está en la relación, sino manifiesta el tipo de confianza en Dios como lo hizo el gran Abraham, su siervo e Isaac *antes de buscar, encontrar y comprometerse con alguien en una relación con futuro.*

Este amor ayuda a que el joven abra bien los ojos al carácter verdadero de la persona de su gusto. Este amor tiene el poder de tener despierta su conciencia para no buscar la perfecta mujer, el príncipe azul en términos literales, pero si le da la capacidad de ver que ella o él es la mujer u hombre que Dios aprueba y *que él o ella podría amar, cuidar y proteger toda una vida.* Sabe de ante mano que no encontrará perfección con la pareja sin embargo sabe que busca a alguien que tenga la salud espiritual, la salud física, mental y la salud que a sus ojos mantiene vivo y convencido que ella o él es la persona con quien que desea vivir toda una vida. Alguien que ame a Dios, sabrá amar a su pareja y tendrá todas las cosas en perspectiva.

Este amor es tan poderoso que es el único que existe. No existe nadie más, no busca a nadie más, todo está en la persona que eligió amar, cuidar y proteger, ese fue El amor que tuvo David. "Angustia tengo por ti, hermano mío, Jonatán. Fuiste muy agradable. *Maravilloso, fue tu amor, más que el amor de las mujeres.*" (1 Samuel 1:26.) Este amor se da porque se tiene, este amor es fiel en toda circunstancia. Nada lo mueve de ese lugar.

Lo más interesante de este tipo de fundamento es que *no busca una relación sino un compromiso con el más alto don de la vida – el amor,* cuando inicia la relación buscada él sabe que no tiene sencillamente una mujer o ella sabe que no tiene únicamente un hombre a su lado sino tiene un compromiso realizado, una verdad a vivir que con el amor y las personas NO SE JUEGA. Este fundamento prohíbe jugar con los sentimientos, no permite la infatuación y es cuidadoso en solo, permitirse el amor verdadero.

El compromiso de este amor hace que la persona que busca se asegura que él o ella entienden que quieren comprometerse a amar, servir y cuidar los intereses de la otra persona. Este fundamento no busca solo lo suyo porque sabe que viene naturalmente la recompensa.

Ellos saben que: "El amor no hace mal al prójimo; así el amor es el cumplimiento de la Ley." (Romanos 13:10.) Ellos no solo no quieren sino que a propósito no hacen mal a nadie, no juegan, no inician nada que saben no funcionará y que no es aprobado por Dios. Ellos aman al prójimo y la mejor manera de demostrarlo es que no inician, ni coquetean o dan esperanzas a algo que no existe.

Este fundamento no se atrasa ni corre, permite que el verdadero amor se manifieste naturalmente, por eso digo que el individuo que desea un noviazgo con futuro primero se aseguró de tener ese amor para dar. El amor que Dios aprueba no se atrasa, no se detiene, no ama hoy y mañana se termina, eso es imposible.

Pero una cosa es cierta es que no debe tenerse ninguna relación si no se tiene el deseo de amar, no se debe tener una relación si no está la otra persona dispuesta amar dentro de los planes Divinos. A esto se refirió el sabio cuando dijo: "que no despertéis ni hagáis velar al amor, hasta que quiera." (Cantares 3:5.)

Finalmente este amor – fundamento de toda buena relación entiende que cuando se equivocó de persona y falló en su elección *lo reconoce inmediatamente*, no se deja engañar y es honesto, que la relación no puede seguir.

Este amor cuando no es correspondido tiene el don de permitir que la otra persona sea libre, que pueda y elija lo que quiera. Le desea lo mejor y ora para que Dios bendiga sus elecciones. En un joven cristiano con la intención y deseo de honrar a Dios no ignora este fundamento.

Los que ignoran este fundamento – el verdadero amor, traen consecuencias como:

- Amistad confusa.
- Amistad con derechos reservados para alguien más.
- Relación forzada.
- Relación problemática.
- Relación como base para placer.
- Un noviazgo bajo el hábito y la costumbre.

No olvidemos que existe también *la Infatuación que es lo contrario al amor verdadero*. Esta característica y estilo de vida de muchos es lo que hace que tengan una relación, un noviazgo que dura meses o años pero no se casan, solo se complacen, se ayudan a hacerse más miserables.

La infatuación piensa que no puede vivir sin la otra persona, pero no hace ningún compromiso, la infatuación tiene el poder de amarrar a dos personas, comprometerlas con besos, actos ilícitos y después los hace una miserable relación. Los celos son invitados, el egoísmo está vivo, solo se hace lo que uno de ambos quiere siempre. La infatuación se aloca de la otra persona, no tiene razón, no piensa, no tiene conciencia, no le importa si la otra persona sale lastimada.

Este amor es estable, no cambia, la verdad es que el que no entiende que este amor es eterno solo hace un paseo con las muchachas y las señoritas solo serán lugares geológicos de investigación. El sabio dice: "Ponme como un sello sobre tu corazón, como una señal sobre tu brazo. Porque fuerte como la muerte es el amor, duro como el sepulcro el celo. Sus saetas, brasas de fuego, fuerte llama. Las aguas torrenciales no podrán apagar el amor, ni lo ahogarán los ríos. Si el hombre diese toda su hacienda por ese amor, de cierto lo menospreciarían." (Cantares 8:6,7.)

El amor aquí expresado es aquel que ama Dios – busca honrarlo, este amor ama su persona y busca honrarse con alguien que es un tesoro y no solo un cofre, este amor tiene el poder de amar, servir, hacer feliz y proteger a la otra persona.

"Lo que vale es la fe que obra por el amor." (Gálatas 5:6.)

Es el fundamento de toda felicidad, de toda verdad y no esconde sus emociones pues ellas nacen en el amor de Dios y solo pueden ser bendición. En los problemas del hombre y la mujer es un lugar secreto para considerar juntos y abre las puertas a soluciones que solo el amor verdadero puede. Este amor es el fundamento que une al cielo con el hombre y el hombre con la mujer – la riqueza más grande del universo.

No se conocían. La verdad en el Señor los unió. Observaron la gran necesidad de misioneros y no dudaron involucrarse. Jóvenes y llamados a servir a Dios escogieron casarse por amor a Dios. La idea era servir a Dios juntos. La señorita Harmon y el joven White sometieron su voluntad al cielo y así entraron al sagrado matrimonio en mil ochocientos cuarenta y seis. El amor a Dios les dio el privilegio de sembrar el amor el uno al otro. Con el amor verdadero como su única base los llevó a que juntos fueran los pioneros de la gran denominación Adventista del Séptimo Día. El verdadero amor siempre es y será el fundamento de la unión de dos vidas y el semillero de grandes empresas en las manos de Dios.

Elena de White por experiencia escribió: "EL AMOR es un precioso don que recibimos de Jesús. El afecto puro y santo no es un sentimiento, sino un principio. Los que son movidos por el amor verdadero no carecen de juicio ni son ciegos. Enseñados por el Espíritu Santo, aman supremamente a Dios y su prójimo como a sí mismos." (Mensaje Para Los Jóvenes pg. 433.)

27 - Las Paredes – Principio 2

"**Cuando establezcas tus limites es importante que consideres un par de hechos. Considera los principios de Dios sobre la pureza sexual. Y considera el precio al fracasar en establecer límites apropiados. El costo podría incluir cosas como culpa, vergüenza, embarazo indeseable, enfermedades sexuales transmitentes.**" (Leyes Del Noviazgo pg. 23.)

Este es el principio que provee la capacidad de proteger el noviazgo con futuro que se está construyendo. Es de sabios cristianos saber que esto se refleja al tener en ambas personas *principios – paredes* que protegen el verdadero amor, amistad y sociabilidad.

Cualquiera que trate de tener un noviazgo sin principios o leyes universales que gobiernen su vida, sus pensamientos y así sus acciones está en el camino del fracaso.

Los principios que son paredes protectoras son las siguientes:

- El amor.
- Justicia.
- Felicidad.
- Honestidad.
- Humildad.
- Paz.
- Seguridad.

Personas sin estos principios tienen noviazgo y amistades donde solo se aprovechan de las debilidades de los demás. Satisfacen sus gustos, deseos y fantasías. Sus motivos están confusos y no tienen dirección. No tienen objetivos. Es importante saber y entender que todo joven que no tiene estos Divinos principios básicos no tiene paredes que protejan su carácter. Por ende su relación estará basada solo en lo que siente, en lo que otros hacen y dictan, la moda y opiniones ajenas.

La verdad es que si una persona no tiene principios – leyes que rijan su vida, en realidad no tienen carácter propio, su personalidad esta atrofiada, el futuro que busca no vale la pena, sus conquistas solo son pasajeras, las búsquedas son falsas y siempre caen, tropiezan y experimentan fracasos dolorosos.

El Principio Del Amor:

Es la capacidad de saber que deseas el bien de la otra persona. Busca darle todo lo que sea para su felicidad. Este amor es claro en buscar la presencia de Dios, aprobación y dirección.

El amor como principio aquí no busca lo suyo, muere al yo conscientemente. Esta es la principal razón porque muchos logran una relación pero no un noviazgo con futuro. Tienen "todos" los deseos pero no el principio del amor que hace renacer la inspiración, objetividad y pasión de buscar lo bueno, lo sano y humano en los demás.

Este amor nos protege del engaño, acepta la realidad en el noviazgo. Reconoce la voluntad de Dios en ello, no es ciego a la verdad de lo que debe corregirse, básicamente es el centro y fundamento de todo pensamiento, palabra y acción.

Eran cubanos él por razones de política tuvo la oportunidad de abandonar el país dejando atrás a su amada. Más de siete años pasaron en la espera de un milagro. Sobrevivieron esta gran prueba por una sola razón, amor a Dios y amor verdadero del uno al otro. Diez años más tarde se estaban abrazando libremente en las playas de Miami Florida. El amor todo lo puede, todo lo soporta, todo lo espera.

El Principio De La Justicia:

La justicia es de importancia en la vida de todo ser humano. El carácter del que buscamos como pareja debe tener la bendición de expresar, vivir y defender lo justo. La justicia está desapareciendo. Una persona justa siempre pondrá a los demás en primer lugar, los intereses de los demás son tratados con equidad. La persona que solo busque sus gustos, intereses será una persona injusta y prepara el camino para una relación desbalanceada.

Después de mucho tiempo que buscaba conquistar a esta chica, el muchacho no lo consiguió. Su tristeza más grande fue cuando supo que ella le había dicho que si a alguien más. Comprendió que la vida es justa, que todos reciben lo que siembran y que lo que él deseaba no era suyo. La ocasión llegó cuando ella tuvo problemas, él tuvo toda la oportunidad de ponerse del lado del que injuriaba a la que nunca le dio una oportunidad, sin embargo allí en donde pudo vengarse ganó el principio de la justicia. Sabía que la acusación contra ella era injusta y no solo la defendió sino que demostró la injusticia en el acusador. Los principios, especialmente el de la justicia se sobrepondrá a cualquier sentimiento ya sea el de venganza o el del amor.

La justicia es el camino que debe estar viviendo todo cristiano joven cuando es considerado para ser novio o novia, esto no es difícil de saberlo. Fíjate donde está la atención de tal persona, que le importa más y cuál es su reacción a las circunstancias de la vida. ¿Hace lo justo, le molesta la injusticia?

La justicia en la vida de todo joven es la señal que él o ella sean obedientes a la verdad que no pueden hablar, actuar o pensar si no es justo, recto y cierto. Este principio no solo embellece toda relación, no solo provee un orgullo sano sino que aun protege de volverse egoísta, mimado e injusto. Logra la equidad en todo lo que incumbe una relación con propósito Divino – ser amor, verdad y justicia.

El Principio De La Fidelidad:

Este principio es esencial pues es el que nos permite ver que la persona de nuestra atención cuenta con un carácter prudente, cuida ser fiel a su Dios, corazón y relación. Este tipo de fidelidad es aquella que reprende el coqueteo, lo liviano y liberal en la vida de un joven cristiano, es fiel en el pensamiento y busca solo pensamientos puros, sentimientos y deseos más internos son solamente nacidos con las intenciones más integras, claras y fijas en honrar sus convicciones basadas en la palabra de verdad. En el contexto correcto no tiene otra persona en sus atenciones, pensamientos y deseos que no sea su pareja de noviazgo.

Podría verse en la vida de la señorita que teniendo varios pretendientes, como muchas jóvenes le agradaba la atención de ellos pero entendiendo el principio de la fidelidad no solo a su Dios, a su novio y amigos, claramente hablo con aquellos que le pretendían y explicó que sus atenciones como mujer no podían ser para ellos porque tenía novio y agradecería que ellos entendieran su distancia en las pláticas, actividades o sentimientos que no fuese el de una hermana de la fe como otro cristiano en general.

La fidelidad cuida su corazón solo para su novia, novio porque el que no es fiel en el noviazgo hay mucha probabilidad que no lo será en el matrimonio. El punto aquí es que este principio te hace solo para una persona a quien amar sin vacilación o titubeo pues allí radica la veracidad en todo, esta fidelidad es necesaria en el noviazgo cristiano.

En este contexto cuando falla en ser solo para una persona y fiel a su novia, novio en el contexto del noviazgo no es digno de tu amor, esa relación se desborona tarde que temprano o muy temprano que tarde. Todo el que tenga y siga con una relación donde uno de los dos no es fiel solo se engaña y cosechará frutos desagradables que no podrán digerir y lamentará toda una vida. La fidelidad protege al noviazgo y aprueba un paso más para considerar a esa persona con el fin de llegar a ser esposa o esposo.

La fidelidad permite que las palabras y acciones sean veraces y transparentes. Todo se sabe, todo se dice, todo se comunica. Esta manera de vivir créeme que no solo protege tu noviazgo sino que vale oro, ir al altar con tal persona será de gran bendición. La fidelidad abre el corazón el uno al otro, empiezan a construir esa casa donde vivirán toda una vida – el amor verdadero.

La infidelidad en lo más mínimo, en las cosas pequeñas o actos, sentimientos o palabras forman la grieta que permitirá remordimientos, lloro, dolor y heridas que no sanan pronto y de seguro trae desbalance en las emociones. *No ignores cualquier señal de infidelidad, corrige, habla o deja a la persona porque en este caso no se hundirá una persona sino dos.*

Ella tenía un novio cuando conoció a otro hombre. Se conocieron y en uno de los pleitos que tuvieron ella lo dejó y se fue con el otro. No pasó mucho tiempo sin que este otro individuo la dejara por otra muchacha. La infidelidad siempre traerá desastres y jamás habrá verdadero amor.

Tu destino siempre está en tus manos y esta área es crucial en la relación si se busca un matrimonio estable y fructífero.

El Principio De La Honestidad:
Es una característica súper necesaria, es el oxígeno de la vida en general – la honestidad. El que no tiene honestidad es un árbol que será pronto cortado para leña. En palabras claras y sencillas la persona deshonesta no posee la calidad para ser parte de una construcción con futuro que no se derrumbe. Este tipo de personas que no tienen honestidad son personas inconsistentes, desleales, mienten una vez, otra vez y siempre están justificándose. Personas sin honestidad es como no tener "espina dorsal", pues ella es la que permite que un carácter este de pie.

Honestidad es un principio que provee la bendición de que ambas partes expresen sus intenciones más sinceras, sus sueños y sobre todo son claros en todo lo que no les gusta, expresan sus verdaderos sentimientos, no se engañan en emociones hipócritas. Son íntegros a la verdad y solo la verdad en lo que quieren, esperan y practican – eso es honestidad.

No tenía el mejor pasado. Tuvo la gran oportunidad de su vida, conoció a una joven de iglesia, fiel a su fe, integra a sus convicciones y muy consagrada a la Palabra. Ella por los valores enseñados en su hogar había permanecido virgen hasta su boda. Ese era su deseo encontrar en la persona con quien se casaría virginidad también. Se enamoró de alguien quien por conclusión propia y su religiosidad ella pensó tenia las mismas convicciones. No por mucho tiempo más el joven no podía continuar sin confesarle su pasado.

En el momento más oportuno le contó su pasado a costa de que ella no quisiera seguir más con él. Había tropezado en relaciones premaritales y no era virgen. Ella consideró lo que estaba escuchando y después de días agradeció la honestidad de su novio que le ganó más el corazón y aprendió que la honestidad es más grande que la virginidad si mientes en otras cosas.

La honestidad en el noviazgo no permite en lo más mínimo la mentira. Todo lo que sabe a mentira, engaño y falso *es rechazado inmediatamente* y todo joven inteligente no se dejará envasar con "mentiras blancas", personas fieles a la deshonestidad dicen: "no te lo dije porque no quería que te enojaras", "te lo pensaba decir", "si paso eso - pero te quiero a ti", "ella solo es una amiga, no te enojes", etc. Creo de corazón que un noviazgo que permita cualquier tipo de mentira está destinado a perder la gracia, la capacidad de evolucionarse a la verdad de un futuro matrimonio con éxito. Lo que debe entenderse es que todos estos principios mencionados son las únicas paredes que protegerán tu noviazgo para que logres una estable y futuro matrimonio que no solo valga la pena sino que dure y este orgulloso/a de tenerlo.

Cuidado, hay personas que creen que no deben lastimar a nadie y por lo tanto no solo no dicen la verdad de las cosas sino que las evitan para no herir a la otra persona. Peligro, es el rotulo en la frente de tales personas. Si estás pensando en serio en ese tipo de persona, te aconsejo que reconsideres antes que lamentes toda una vida.

Ser honesto provee paredes que en el futuro protegerán la planta del amor. La relación será no solo protegida sino establecida con grandes posibilidades. La honestidad es clara en hacer saber a la otra persona su pasado y se asegura de conocer la historia de su amigo, amiga antes de entrar en una relación más seria. Recordemos que en todo tipo de relación la honestidad es como el aire a la vida, sin ello nos morimos.

La Humildad:
Este principio es la esencia del carácter que permitirá que tú seas tú y que lo más noble se manifieste. Tendrás el privilegio No solo de poder pedir que te perdonen cuando cometas errores sino que te mantendrá balanceado cuando aceche el orgullo y te toque perdonar.

La humildad es el asesino del ego, de todo orgullo y de la envidia. Toda persona que no posee humildad siempre quiere ser oída, atendida y apoya en todo tiempo. La humildad como principio en la personalidad del individuo transforma su carácter constantemente. Es el único camino que manifiesta perdón, tolerancia y amor. Es lo que permite reconocer que 'estoy equivocado'. Mantiene abierta la puerta al cambio de opinión, idea y concepto.

El joven fuerte a sus conceptos y como siempre dictaba juicio sin escuchar, discutió con su novia. Terminaron la discusión después de una larga pelea de palabras. Esa era la experiencia de cada discusión hasta que un día la muchacha le dijo que ya no podía seguir con él. En su orgullo no le importó terminar al joven sin saber que esa era su última discusión con ella. No fue sino hasta esta experiencia que abrió los ojos del amor que tenía a la muchacha. Se dijo: "será la última vez que me pelee por algo estúpido y que no consideré varias veces antes de dictar juicio, la buscaré le pediré perdón aunque no regrese conmigo". Lo hizo y efectivamente no regresó con él.

Este joven aprendió en el dolor el principio de la humildad. El no pedir perdón le costó a alguien especial. Aprendió la lección y lo aplicó en su próxima relación. La aplicación fue tan efectiva que nunca más tuvo que cambiar de novia, se casó con ella. La humildad verdadera te hace en ocasiones quedar mal, eres el que pierdes pero detrás trae grandes bendiciones.

Este principio tiene el poder de permitir ponerse en los zapatos de la otra persona voluntariamente, sin murmuración sino con amor y tolerancia comprensiva. Cuando una persona posee este principio no es terco o necia. Este tipo de persona sabe entender y evita dictar juicio sobre otros sin antes preguntar o escuchar. Individuos tales tienen el poder de buscar y establecer la verdadera comunicación.

Si deseas tener éxito en tu noviazgo busca alguien con mucha y verdadera humildad. Debes tener mucha prudencia y estar atento a la hipocresía pues se manifiesta mucho entre los jóvenes y lo más lamentable entre los jóvenes que profesan el cristianismo. Muchos de ellos cuando se proponen conquistar "tratan" de mostrar características atrayentes como la humildad, pretenden ser considerados, dulces y solo la otra persona tiene razón, siempre corrigen, cambian de opinión tan rápido se les muestra en que están equivocados. Todo esto es solo para lograr su objetivo. Sin embargo no dura mucho esta mascarilla. Amigos abran los ojos aquí, no sea que sea demasiado tarde cuando los abran con documentos en la mano que diga, "casados".

La humildad es un principio que se ha desarrollado, se busca manifestar por iniciativa propia de los individuos, nace en lo más

profundo del corazón que ha sido alimentado con   cosas
celestiales, nobles y principios básicos y permanentes, debe
entenderse también que esta verdad no es ciega pues reconoce que
la persona comete errores, faltas y equivocaciones de las cuales
aprende y crece. En otras palabras aunque la humildad es un
principio que se puede lograr debe saberse que no nace en uno sino
que se produce por voluntad propia y casi es el resultado de
grandes y extensas experiencias de la vida en general, experiencias
que lo traen a uno cara a cara con el Creador.

El Principio De La Paz:

Toda relación en la vida tiene momentos difíciles y es oro tener
como pareja a alguien que tenga el principio de la paz impregnado
en su carácter – una persona pacífica. Este principio busca y da la
capacidad de tratarse con respeto, ambos tienen espacio para
meditar, mejoran en sus luchas gobernados por la paz.

Este principio es el que provee salud en todo lo que piensa, siente
y habla. Una relación de jóvenes cristianos sin este principio está
profetizado a tropezar y sin duda abrirá las puertas a un sin número
de problemas. Por eso creo que este principio es esa verdad que
protegerá la relación bajo una conciencia que no importando cual
sea el problema, la provocación o circunstancia sabe que, "todo se
puede arreglar".

Este principio promueve extensa y profundamente la
comunicación, los dos hablan no dictan, no exigen sino sugieren,
proponen y juntos encuentran el camino, saben que no hay un
mundo perfecto más que el que ellos mismos construyan. Son
considerados y saben en gran medida que es mejor ignorar aquello
que no vale la pena discutir. Aprenden a perdonar sin
remordimientos. Esto es de importancia para aquellos que saben
que noviazgo es el camino al casamiento, así un hogar. Aplicar
este principio antes de tener una novia, novio. Sépase también que
en nuestras relaciones interpersonales traerá grandes dividendos en
la relación que busca futuro.

El joven cansado de pleitos cada día con su novia, con sus padres y
amigos de colegio se preguntó un día, ¿quién es el problema? No
duró mucho sin darse cuenta que el problema no eran los demás.
Todos juntos no podían estar mal. Analizó su carácter, su genio y

sus reacciones a los incidentes de la vida, aceptó que en la mayoría de veces él era el culpable.

Un día en la iglesia escuchó la bienaventuranza de Jesús al decir, "bienaventurados los pacificadores", se dijo: "no más pelearé, ni discutiré sin sentido", seré un pacificador. Controló sus reacciones a las circunstancias de la vida, a las palabras y cuidó sus emociones. Logró control de su ser y su lengua llegó a ser bondadosa y la retiró voluntariamente de la guerra continua. Mejoró su relación con sus padres, amigos, compañeros de trabajo y como nunca antes no solo disfruta estar con su novia sino que ella extraña de continuo su compañía para que la escuche, tolere y encante con el arte de soportar sus faltas de vez en cuando cometidas.

Por lo tanto este principio hace que seamos voluntariamente "pacificadores", nos permite que sepamos seleccionar nuestras palabras y así nuestras acciones sabiendo que todo ello tiene una reacción para bien o mal. El objetivo es proteger y guardar lo que tanto queremos y amamos – la relación.

Créeme, no podemos vivir sin estas verdades impregnadas en nuestra vida. Todo joven que desea bendecir su relación debe asegurarse que él o ella poseen este importantísimo principio antes de tener un noviazgo. Tener en todo un espíritu pacifico es esencial, vale más que la capacidad de hablar.

El Principio De La Seguridad:
Un noviazgo próspero es aquel que sabe lo que quiere, la conexión es verídica y eficaz. *En todo, la seguridad es importante* pero más lo es cuando se trata de buscar pareja. Una vida entera no termina con una cena, con una palabra o promesas, la seguridad es la compañía en la vida de dos almas que se gustan, quieren y buscan futuros juntos. Ellos saben lo que quieren y quieren lo que saben – su relación y amor inicia con convicción y conversión a la verdad que ellos quieren amar, ser amados por dos imperfectos y no perfectos que viven en el desarrollo a ser mejores cada día.

La persona viviendo este principio primeramente conoce la voluntad de Dios, segundo tiene su autoestima en correcta posición – sabe quién es en verdad. En otras palabras sus convicciones no están basadas en la opinión de otros, no depende de lo que siente de vez en cuando sino de lo que sabe está escrito en la palabra de Dios, de lo que él o ella sabe que quiere y sabe puede tener bajo la palabra de Dios. La característica de estas personas es que están seguros de lo que son y de lo que desean.

No era guapo, no era intelectual pero de algo que su novia estaba segura era que él sabía lo que quería. Su enfoque en su presente y el espíritu seguro de la búsqueda del futuro la conquistó. Ella sabía lo que quería y él estaba convencido de su elección, juntos empezaron una vida, se casaron y a pesar de los obstáculos llevan más de cincuenta años de casados. La seguridad no es popular pero los que se dejan conquistar por ella siembran para un futuro eterno no pasajero.

La verdad aquí es que buscar la bendición de Dios para lograr éxito en nuestra relación es de importancia vivir seguros, claros y firmes de lo que sabemos, queremos y buscamos de todo corazón y plena conciencia bajo nuestros principios y carácter balanceado.

Es mi opinión personal es que no debes comenzar una relación con ninguno que no sepa lo que quiere. Tal vez duela y lastime en el momento de aceptar la realidad pero es mejor un golpe ahora que enterrar mañana algo que destruirá nuestro futuro. Si no me crees pregúntale a personas casadas si se volverían a casar y notarás que pocos responden sin pensarlo. La gran mayoría no lo harían porque se han dado cuenta que el no haber estado seguros o presionados por el gusto, opinión de otros o tristemente consecuencias prenatales les obligó casarse y así dictaron su sentencia.

Este principio de la seguridad es de suma importancia que esté en nuestros caracteres para que el día de mañana no nos arrepintamos de lo que escogimos.

Los principios de:

1. Amor.
2. Justicia.
3. Fidelidad.
4. Honestidad.
5. Humildad.
6. Paz.
7. Seguridad,

Son las paredes en la construcción de una relación de noviazgo, son más importantes que tener dinero, bonita cara o cuerpo. No nos engañemos por la apariencia pero si busquemos estos principios en el carácter de la otra persona antes de progresar con un noviazgo que valga la pena nutrir.

El consejo es: "Cultivemos diligentemente los puros principios del Evangelio de Cristo, la religión, no de la estima propia sino del amor, la mansedumbre y humildad de corazón. Entonces amaremos a nuestros hermanos." (Review and Herald, 3-6-1884.)

28 - Las Ventanas - Principio 3

"Hizo a la casa ventanas anchas por dentro, y estrechas por fuera." (1 Reyes 6:4.)

Las ventanas en toda casa son las que proveen "aire" fresco, el sol que *da vida* en la relación del noviazgo. *Este aire fresco, nuevo cada día son esos valores elegidos* por voluntad propia cada día, estos valores son los que dictan nuestros deseos más internos, pensamientos y actos en cada experiencia vivida.

Estos puntos deben señalarse con el fin de entender que todos conscientes o inconscientes vivimos vasados en nuestros valores. Los valores son adquiridos por todo lo que nos rodea, ya sea en el hogar, escuela o vida en general, todo esto influencia, afecta y transforma nuestra conciencia, mente y carácter – el motor de cada pensamiento y acto.

El pastor Tucker nos dice: **"Una área que no es negociable es la de los valores. Nuestros valores gobiernan el cómo vivimos nuestras vidas. Ellos afectan las elecciones que hacemos. Y no solo son afectadas las grandes elecciones; la vida de principios y valores también influencian de manera grande las pequeñas y diarias elecciones."** (Leyes de Noviazgo pg. 18,) por (Mike Tucker.)

Jóvenes que desean un noviazgo con futuro no pueden pasar por alto la pregunta, ¿cuáles son los valores de la persona que me gusta? ¿Qué valores dictan mi comportamiento hacia la persona de mi preferencia? La respuesta a estas preguntas proveerán luz sobre el carácter que poseemos y tiene la persona que nos agrada para pareja.

Los valores son necesarios, es de importancia no solo conocerlos y tenerlos sino asegurarnos que poseemos los *"valores correctos"*. Para tal estilo de vida debemos saber cuál es la fuente de ellos, cuáles son esas referencias de las que nacen.

Nuestras referencias básicamente son formadas por todo aquello que nos influencia, afecta o impregna en nuestro sistema mental ya en el pasado o presente. Allí nacen nuestros valores. Todo lo que hicimos y nos influenciaron afectará nuestra vida siempre. Entonces sepamos que las ventanas para renovar cada día y así mejorar si es necesaria la calidad de valores ultimadamente están *en nuestras manos continuamente.*

Un vivo ejemplo de lo que son los valores es visto en que la mayoría de personas que viven en *países desarrollados* son diferentes de los países tercermundistas. Entendamos que nuestros valores no son nuestros principios, los principios son in cambiables, por lo contrario los valores si lo son. Por lo tanto todo lo que nos afecta o influencie directa o indirectamente dictará nuestros actos.

Tiene veinte años y ya tuvo cinco esposos, hijos e hijas de ellos. ¿Cuáles son los valores de esta muchacha? Ignoró la educación de sus padres cristianos y la iglesia, decidió su educación propia en la escuela secular, las amigas y las calles de los Ángeles California.

Bella e inteligente a su manera. Diecisiete años, utiliza su cuerpo en los bares de Miami para el placer de los hombres. ¿De dónde vienen sus valores? Su madre ya no puede contar la cantidad de hombres que ha tenido en su vida, las películas y las calles de Miami Florida. También conocedora del Evangelio, pero sus valores dictan hasta hoy sus pasos inestables.

¿Qué valores practican los que viven en Norte América o cualquier país *que permita libertinaje en el noviazgo?* ¿Por el tipo de educación que recibe, películas que ve y permisos que permiten sus padres, cuáles son los valores morales en los países altamente educados? ¿No han notado que los resultados de los valores acariciados, promovidos y vividos por los Estados Unidos y Europa son muy diferentes a otros países más conservadores? ¿Qué tipo de moral promueven las películas románticas, novelas y clases sobre sexualidad en nuestras escuelas oficialmente? Bueno, el comportamiento de nuestra juventud lo dice todo. Los resultados son cuestionables, controversiales, embarazos, cambio de sexo, unión libre, amigos especiales con derecho *y muchos abortos.*

Estos resultados que dicen mucho de nuestros valores no veo como apoyen lo que nos enseña la Biblia sobre el verdadero amor, verdadero noviazgo y verdadero matrimonio. El concepto, ideas y prácticas en los países con libertades y alta educación que otros países no tienen base, son contrarios a las Escrituras. Por ejemplo en estos países no solo los embarazos están a la luz del día sino aun la homosexualidad, lesbianismo es aceptado y cada vez más penetra las paredes del cristianismo.

En otras palabras los valores en cada persona están estrictamente relacionados con lo que llamamos educación, ejemplo y enseñanza dada por nuestros padres, maestros y amigos esto sin ignorar los que nosotros mismos formamos al ver, oír y elegimos.

Nuestros valores entonces son los "conceptos" que formamos de la vida, de las cosas y de nuestros comportamientos. Esto guía tanto lo que deseamos como lo que realizamos. Por lo tanto nuestras ideas con respecto a nuestras acciones son lo que pensamos, lo que somos en el interior, no podemos engañarnos aunque si podemos ser hipócritas. Te pregunto entonces: ¿te gustan tus ideas y conceptos? ¿Te agradan tus acciones? ¿Los pensamientos de tu pareja te agradan, inspiran y llevan más alto en tu vida? ¿Entiendes que sus acciones reflejan sus valores? ¿Sabes que tanto nuestros pensamientos como acciones reflejan lo que sabemos, creemos de la Biblia? ¿Entonces cuáles son los valores que manifestamos *diariamente*?

Las ventanas que provee constantemente "aire" para traer oxígeno a la vida de valores sanos, fructíferos, positivos y aceptados por las Escrituras busca formar una imagen, vida y personalidad que traerá a vida una reputación envidiable, y eso no se construye por casualidad, no es un accidente, tiene su base en la voluntad, decisión y elección del individuo. Un dicho común dice: "dime con quién andas y te diré quién eres". Tener abiertas las ventanas al principio número tres que invita tener valores sanos, correctos y positivos provee aire para la vida de un noviazgo con futuro.

Llegó al colegio en Estados Unidos, su mundo cambió. El conflicto entre la evolución y el cristianismo se encontraron. Invitada a cuestionar su fe cristiana entre las opiniones de sus maestros y amigos se mantiene firme en la fe cristiana sobre la creación. ¿Cuál es la fuente de los valores de esta joven? La Biblia, su familia cristiana y su iglesia quien hizo un buen trabajo en encarrilarla en la verdad cristiana.

Ella tiene veinticinco años y su novio le dice que no entiende como ella dice que lo ama a él y no quiere tener relaciones sexuales. Ella le recuerda que es virgen y que nunca ha tenido sexo y no lo tendrá con nadie si no es su esposo. ¿Cuáles son sus valores?

Universitario y exitoso en la vida. No se había acostado con nadie y lo más sorprendente que se mantenía virgen hasta su boda. Muchas jóvenes que lo sabían hicieron todo para robarle esa bendición para su futura esposa. Sin embargo fiel a sus valores lo cumplió hasta que se casó. ¿Qué valores tenia este joven? ¿De dónde surgieron sus valores? Su educación en casa, las Escrituras y su propia inversión en cosas y principios éticos y morales.

Lo que hemos dicho es que tus valores son tus acciones, tus acciones son tus pensamientos, tus pensamientos son tus ideas, tus ideas son tus valores en realidad, tus valores son tu referencia a la que acudes basado en lo que te ha pasado en la vida, lo que has visto en la vida, lo que has experimentado y aprendido en tu existencia y así todo esto forma y es tu carácter y la verdad total es que el carácter formado eres tú. ¿Te agrada el carácter de la persona de tu elección? ¿Te inspira el carácter de la persona que te gusta? ¿Te motiva a lo que es santo, sano e inspirador por el carácter de tu novia, novio? Si tus respuestas son inseguras, no están claras, sépase que hay un problema de valores en ambos. Si las respuestas son positivas vas por buen camino.

NO te engañes ahora para lamentar mañana, llora ahora si tienes que evitar, rechazar y correr de alguna "posibilidad" de alguna relación, entiende que los valores que forman el carácter son más que importantes en cada individuo especialmente cuando deseas no solo una relación seria pero eterna.

29 - Las Puertas – Principio 4

"Así que, yo de esta manera corro, no como a la ventura; de esta manera peleo, no como quien golpea el aire, sino que golpeo mi cuerpo, y lo pongo en servidumbre, no sea que habiendo sido heraldo para otros, yo mismo venga a ser eliminado" (1 Corintios. 9: 26, 27.)

Aunque estamos conscientes que nada a la fuerza es sano y próspero debe saberse que *las reglas o sea una vida bajo disciplina* es necesaria si se desea prosperar en un noviazgo con futuro. Sé que muchos no creen en reglas en el noviazgo y los entiendo porque no las tienen en sus vidas como algo esencial e importante. Sin embargo los grandes tanto en el ámbito religioso como secular del mundo en general llegaron a apreciar y aplicar disciplina y reglas que los elevaron en lugar de bajarlos o destruirlos.

Todo joven sabio no ignorará la bendición de la reglas en su vida y si las tiene en su noviazgo sabrá aplicarse a principios que serán manifestados en una "estricta" sumisión a la verdad, a lo recto, a lo santo. Hablamos aquí del principio de las puertas pues en toda casa sin puertas no hay salida, ni entrada. Las puertas son en la vida de todo joven lo que permitirá bendición o maldición, todo dependerá de lo que permitamos, dejemos entrar – el poder de permitir la entrada a algo en nuestras vida que afectará nuestro noviazgo está en nuestras manos.

Creo honestamente que una de las maneras en que permitimos o evitamos pensamientos, eventos y acciones está basada en nuestra disciplina, reglas mental, emocional y físico. Por lo tanto, "Hoy es el día para decidir cuán lejos es lejos. Hoy es el día para establecer las líneas de tus límites. Con oración determina cuán lejos es lejos y luego decide vivir de esa manera". (Leyes de Noviazgo pg. 18.)

"El precioso libro de Dios contiene reglas de vida para los individuos de todas clases y vocaciones." (Exaltad a Jesús pg. 275.)

Las leyes en esta construcción están bajo nuestro poder, nosotros entonces estamos basados en el fundamento – el amor verdadero, las paredes – los principios, las ventanas – valores y las puertas – reglas que indiscutiblemente proveerán todo el espacio para un noviazgo que guste al cielo y al prójimo como ejemplo de las grandes posibilidades en la vida cristiana.

La historia de esta pareja fue que en diferentes maneras oraron a Dios que ellos no querían buscar una persona para sí por ellos mismos. Así se pusieron como regla que no buscarían novia ni novio por ellos mismos. Los meses pasaron hasta que un día ambos que vivían de un lado y otro de la ciudad se conocieron por casualidad. Hubo una reunión donde se encontraron por primera vez, el gustó de ella pero su regla era que Dios escogería. Así que esa noche el oró que si ella era la escogida que se volvieran a encontrar, mientras ella en su cuarto esa misma noche oraba que si él era el que Dios elegía le regalara la oportunidad de volverse a encontrar.

Dicho y hecho no solo se encontraron, conocieron, enamoraron sino que se casaron meses más tarde. Sus reglas en este contexto los guardaron de regalar y perder emociones, sentimientos y tiempo a otros que no serían nada al final en sus vidas. En regla proveyó grandes bendiciones al final.

Entendamos entonces que estas reglas proveen ayuda en cualquier emergencia que requiera frenar cualquier pensamiento impuro, detener todo deseo inapropiado o fuera de tiempo apropiado. Una disciplina para tales conductas requiere que cada uno de nosotros este basado en nuestros valores debemos formar "nuestros reglamentos" basados en la palabra de Dios y los escritos del Espíritu de Profecía.

En otras palabras todo buen consejo de Dios, de los padres, amigos y libros que se han escrito sobre el tema del noviazgo es de sabios aplicarlos, compartirlos y saber aprender constantemente de nuestras debilidades para ser más fuertes en la bendición de lo que es y no es permitido.

Años atrás se nos dijo: **"Es el deber de todos observar estrictas reglas en sus hábitos de vida." (Conducción Del Niño pg. 104.)**

Esta pareja de novios conociendo sus debilidades acordaron que no usarían ropa provocativa y así lo hicieron hasta que se casaron.

Esta muchacha me contaba que habiendo cometido errores en sus relaciones pasadas fue clara con su novio presente en que no se verían en ningún otro lugar que no fuera su casa con sus familiares presentes, lugares públicos y que estaba por voluntad propia condenado verse en el cuarto a solas, en lugares privados por ninguna razón o excusa.

Otros jóvenes se pusieron como regla corregir sus malas palabras, aplicar la regla de oro en todo, y no discutirían por trivialidades como, "no llamar a tiempo, cambio de planes por razones obvias, comentarios de tercera personas sobre su relación, etc."

Otros entendieron que no viajarían solos a distancias grandes aunque fuera para un evento religioso, no estarían juntos a horas tardes de la noche y organizarían su agenda para que ambos tuviesen tiempo de cumplir con sus tareas, trabajos y prioridades de la vida no descuidando su relación.

Aún más esta pareja decidió orar tres veces al día juntos hasta su boda. Leer libros de índole espiritual, consejos matrimoniales y sobre relaciones humanas.

Otros entendieron que sus pleitos eran más cuando estaban cansados y estresados, como regla y evitar malos entendidos se prometieron decirse que estaban cansados, tuvieron un mal día o tiene un problema y que no tiene nada que ver con él o ella. Esto mejoró su relación y triunfo en planes de boda.

Así que para mantener un noviazgo limpio, honrado y próspero en el camino de la pureza del cual no hagamos nada del cual avergonzarnos, tal noviazgo necesita sus reglas que mantengan el amor y noviazgo en su camino correcto hasta el día de su consumación del matrimonio. Nada puede reemplazar estas verdades, aun Dios tiene sus reglas – mandamientos para mantenernos en el sendero correcto de la vida espiritual, así es con el noviazgo sin reglas se lamentarán consecuencias de las cuales algunas son vistas públicamente y muchas más se manifiestan en la privacidad de muchas vidas de *"jóvenes cristianos"*.

"Las reglas más valiosas para el trato social y familiar se encuentran en la Biblia. Ella contiene no sólo la norma de moralidad mejor y más pura, sino también el código de urbanidad más valioso." (Hogar Cristiano pg. 383.)

30 - El Techo – Principio 5

"Porque los caminos del hombre están ante los ojos del Eterno, él considera todas sus veredas." (Proverbios 5:21.)

Reconocer en cada paso de la vida el ojo de la Providencia y la constante presencia Divina es esencial en el éxito de todo noviazgo Divinamente fabricado. Este conocimiento es una inspiración que motiva a realizar "todo" de acuerdo a la voluntad del cielo, de esto se trata el principio del techo – el ojo Divino en nuestras vidas.

Este techo no solo es el ojo del cielo sino la protección de todo lo negativo y satánico en contra del amor aprobado por Dios. Este techo son las manos de la Divinidad prosperando cada paso cuando se deja que sea Él que guie en lo que planeamos.

Aunque es lógico que todo cristiano sepa de su importancia, no todos son conscientes de esto. Algunos lo creemos pero nuestro comportamiento en privado contradice nuestro sermón en público. Nuestros actos en privado y público deben estar alineados y ser transparentes, reconociendo el ojo Divino en nuestra vida.

Este techo no es obligatorio aunque necesario pero muchos jóvenes logran un noviazgo sin protección Divina – *sin el techo de esta bella construcción, el noviazgo con futuro no existe.* Los resultados son desastrosos, sin éxito y el fracaso no es solo visible sino irrecuperable. ¿Cuántos no naufragan en el noviazgo solo por no involucrar a Dios en él? ¿No sé cómo podemos permitirnos una relación sin la bendición y *techo – vista de Dios en el noviazgo*?

"El Eterno está en su santo templo, el trono del Señor está en el cielo, sus ojos ven, sus párpados examinan a los hombres." (Salmos 11:4.)

Es de importancia saber que cuando se pone el techo simbólico involucra la bendición y dirección de Dios, su espíritu el medio que impresiona nuestra conciencia, y los santos ángeles. Estos seres están a nuestro servicio, son la protección a tantos males que nos asechan. Ellos son luz en momentos de desesperación, están allí para dar fuerza y motivar nuestra voluntad en momentos de tentación de la carne, pasiones, ayudan a subyugar nuestros malos rasgos y voluntad in-refrenada. Todo esto es posible cuando aplicamos el principio del techo Divino – el ojo del Creador sobre nosotros.

Allí se encontraba este joven solo, tentado a ver pornografía en el internet. La oportunidad estaba ante él pero su conciencia, la convicción de la presencia de Dios le ayudó a vencer y correr de su computadora. No se quedó luchando con el pecado sino se fue a limpiar el pasto de su casa.

En otra ocasión los besos se estaban encarrilando a otras cosas, la señorita supo y pudo decir que no iba a seguir más con lo que estaba sucediendo, no era tarde para mantener sus votos de pureza como joven. Salió del cuarto y realizo sus deberes domésticos a costa del enojo de su novio.

Otra persona sola en la Universidad sin que nadie de su iglesia y familia la viera tuvo muchas otras oportunidades de entablar amistad con personas que gustaban de ella. Las palabras y gestos de los compañeros eran tentadoras. Allí en sus luchas recordó que no había nadie pero si estaba el Señor viéndola. No sería infiel y mantendría su persona en condición que agradara a su Dios. Limitó sus amistades y su manera sociable fue alejada de la más mínima apariencia del mal.

El techo que aquí mencionamos como principio permite que uno sepa que somos cartas abiertas para el mundo. Es necesario entonces que todo comportamiento en cualquier tiempo y lugar sea hecho con el entendimiento que estamos hablando fuertemente con ello y los demás leerán, interpretarán y concluirán basado en lo que les presentemos consciente e inconscientemente.

Se escribió: **"Si *abrigáramos habitualmente la idea de que Dios ve y oye todo lo que hacemos y decimos, y que conserva un fiel registro de nuestras palabras y acciones, a las que deberemos hacer frente en el día final, temeríamos pecar.* Recuerden siempre los jóvenes que dondequiera que estén, y no importa lo que hagan, están en la presencia de Dios. Ninguna parte de nuestra conducta escapa a su observación. No podemos**

esconder nuestros caminos al Altísimo." (Historia de **Patriarcas y Profetas pg. 217.)**

La maravilla más grande y paz es aquella cuando nuestra conciencia no nos condena o reprenda por ningún pensamiento, acción, experiencia tal que tuvo y tiene uno o la persona de nuestra elección. Hasta donde sea posible el principio del techo contribuye a que siempre estemos buscando pensar y obrar bajo el ojo Divino que nos mostrará o corregirá en el sendero del amor que mantiene la conexión entre lo Divino y humano.

Ella casada buscaba a su pastor joven y soltero, le contaba sus problemas, le escribía notas de que él era especial. Lo citaba a restaurantes a platicar. No tardó el joven pastor en darse cuenta que los intereses de esta persona no eran apropiados e inmediatamente el pastor recordó sus deberes ante Dios, el Dios que lo había llamado al ministerio era más grande y bello como para venderlo por las atención de una mujer que no reconocía que toda apariencia de mal llevaría a una acción con consecuencias lamentable.

La historia de ella está manchada, más tarde abandonó a su esposo por otro, tanta fue su confusión que le llegaron a gustar las mujeres y finalmente no sabía lo que quería. La última noticia que se supo fue que la vida no le importaba y que se quiso matar. No someternos al techo Divino – ojo de Dios nos aventurará a todo menos a la felicidad del cielo.

Parar saber dónde estamos en este principio y que es parte de la construcción del noviazgo Divino, solo tienes que evaluar, poner atención a lo que tu conciencia te dice, lo que piensas y examinar cada acción, allí está la verdad lo que nos importa, interesa y deseamos. Allí en ese ejercicio nos daremos cuenta de cuánto nos importa la presencia y aprobación de Dios. El techo Divino es algo que se elige y co*nserva como un tesoro de extenso valor.

"Las leyes humanas, aunque algunas veces son severas, a menudo se violan sin que tal cosa se descubra; y por lo tanto, las transgresiones quedan sin castigo. Pero no sucede así con la ley de Dios. La más profunda medianoche no es cortina para el culpable. Puede creer que está solo; pero para cada acto hay un testigo invisible. Los motivos mismos del corazón

están abiertos a la divina inspección. Todo acto, toda palabra, todo pensamiento están tan exactamente anotados como si hubiera una sola persona en todo el mundo, y como si la atención del Cielo estuviera concentrada sobre ella." (Historia de Patriarcas y Profetas pg. 217.)

31 - El Hombre – Principio 6

"Entonces Dios el Eterno modeló al hombre del polvo de la tierra. Sopló en su nariz aliento de vida, y el hombre llegó a ser un ser viviente." (Génesis 2:7.)

Es un hecho que el mundo no fuera lo que es sin el ser humano, no tendría sentido si el hombre, el ser masculino no existiera. El hombre en toda la creación es el broche de oro con el que Dios expresó su voluntad. Debe también saberse que después del Edén el hombre fue puesto en él como el sello de su imagen.

El hombre es el centro de atención del Universo. Es una misteriosa pero real creación. *El hombre es el pensamiento de Dios en la tierra*, su imagen así ennobleciendo la tierra con sus perspectivas y metas que nos permiten descubrir que el hombre es parte del sendero a experimentar, analizar y aprender mientras el mundo exista y después de su existencia.

Así entonces no puede haber amor, principios, valores y reglas que valgan la pena y prometer bendiciones como la vida, el amor, el noviazgo y matrimonio si no existiese el hombre. Sé que me dirán que eso ya lo sabemos y estoy de acuerdo en eso pero ¿cuántos ignoran este sencillo pero gran *milagro de todos los días – el hombre como parte importante del mundo?*

Aceptar, saber y aplicar este pensamiento apreciaremos no solo saberlo, sino también le daremos lugar en nuestra mente y así en nuestro reconocimiento de tan grande bendición en la vida – la existencia del ser masculino.

"Dios el Eterno había plantado un huerto en Edén, al oriente, *y puso allí al hombre* que había formado." (Génesis 2:8.)

Debemos darle a Dios muchas indefinidamente gracias por crear al hombre, aunque cierto es la imagen de Dios, después del pecado el hombre no es lo que debería ser, pero busca a toda costa ser lo que fue creado ser. *"Al principio, el hombre fue creado a la semejanza de Dios, no sólo en carácter, sino también en lo que se refiere a la forma y a la fisonomía. El pecado borró e hizo desaparecer casi por completo la imagen divina; pero Cristo vino a restaurar lo que se había malogrado."* (Conflicto de Los Siglos pg. 702,703.)

Lo que quisiera decir es que aunque el hombre fue creado perfecto, el pecado lo trajo donde estamos hoy y eso es que hoy es imperfecto y saber eso es riqueza, salud y bendición porque **no nos dejará perder el tiempo en buscar el "príncipe azul" para las muchachas y "princesas de ojos perfectos" en los jóvenes.** La verdad es que estamos llenos de imperfecciones que nos llevan *a la perfecta realidad que aceptar esto nos hará más y más feliz en cualquier relación*, especialmente en la relación del noviazgo que tiene futuro.

No hay perfecto en el contexto de la creación y todo por nuestra naturaleza y el pecado que nos rodea. La realidad es que la perfección es un horizonte buscado que solo se puede lograr en el interior bajo una nueva creación en Cristo. Su muerte nos hizo posible esa necesidad. Allí radican todas las posibilidades que nos permiten gozar del amor verdadero aunque no del príncipe y princesa en esta tierra hasta su renovación completa.

También es interesante saber que el **número** siete en la Biblia *significa perfecto o completo,* sin embargo el hombre fue creado **en el sexto día,** lo cual en cualquier estudio Bíblico el seis es muestra de imperfección, incompleto y es algo que está en relación al hombre.

Esta verdad lo vemos en los Díez mandamientos. De diez mandamientos los primeros cuatro tienen relación directa con Dios y los últimos seis con el hombre (Éxodo 20.) En los candeleros encontramos siete brazos, tres de cada lado para llegar al siete que es perfecto (Éxodo 25:32.) De siete días, seis son del hombre y uno para llegar al siete que es el día de Dios – el sábado, (Éxodo 20:8,9.) El 666 de (Apocalipsis 13:18,) que es número de hombre o lo que ocurrirá por dirección, voluntad y sabiduría humana.

Dios sabía que el hombre existiría y fuimos creados en el sexto día afirmando nuestra imperfección número seis en necesidad de Dios el número siete desde el inicio de la creación y clara imagen del hombre. Este entendimiento es esencial para comprender la bendición de que en el noviazgo imperfecto se puede si se quiere lograr por voluntad propia una relación perfecta en Dios.

"Todo lo que es humano es imperfecto." (Mensaje Selectos tomo 1 pg. 23.)

La verdad de este principio es que aunque el hombre fue creado en el día sexto – imperfecto por naturaleza, debemos sin embargo siempre apreciar y recordarnos que el hombre es el milagro más bello después de los cielos y animales. Recodarnos esto nos hará apreciar más y más su presencia, contribución y apoyo – y así el existir del amor diseñado por Dios es posible en dos seres imperfectos con la gran posibilidad de perfección Divina, el número siete.

Mujeres estoy de acuerdo que si el hombre no existiera no tuvieran dolor de cabeza, problemas y en muchas ocasiones lágrimas, pero por lo contrario les pregunto ¿tendrían el gozo, alegría, ilusión, apoyo y amor que brindan los amigos, novios y esposos? ¿Podrían enamorarse sin tener al hombre? ¿Podrían recibir detalles, palabras bonitas, sinceras y en ocasiones misteriosos detalles que solo lo producen los hombres? La verdad es que a pesar de todo lo que NO les guste del hombre, estoy seguro que no podrían vivir sin el hombre y jamás experimentar lo que tanto ilusiona, inspira y eleva la vida de la mujer cuando encuentra al hombre oportuno – el noviazgo y finalmente el matrimonio.

"De todo lo que Él ha creado, el hombre, (es) la obra máxima de su creación…" (Alza Tus Ojos pg. 292.)

Dentro de las alegrías, tristezas y verdades que solo el hombre permite experimentar debemos y damos gracias a Dios por permitir que parte de la ecuación de la felicidad está el ser masculino involucrado y sin él no hay aventura, ni amor del que complementa como seres humanos a la felicidad femenina. Que bendición es el hombre en la creación.

32 - La Mujer – Principio 7

"Porque el varón no debe cubrirse la cabeza, pues él es imagen y gloria de Dios; *pero la mujer es gloria del varón.***" (1 Corintios 11:7.)**

Más que lógico después de mostrar la importancia de la existencia del hombre como parte de la ecuación de lo que forma el cuadro Divino de la vida, la mujer no puede ni faltaría entender que ella embellece y amplifica la creación de nuestro Dios.

La mujer como principio número siete no es otra cosa que preguntar, ¿tener una comida sin sal de que sirve, un jardín pero sin rosas, un museo sin arte, una lámpara sin luz, un carro sin chofer a dónde ir? El punto es que el principio número siete permite completar el mundo del hombre y eso se logra con la creación de la bella creatura llamada – mujer.

Es interesante notar que cuando Dios ya había creado y su voluntad era ya reflejada en el hombre, el hombre tenía casa – el Edén, una ocupación – el trabajo, pero *al terminar el día perfecto y sin pecado se sintió incompleto y solo, por primera vez la soledad aparece en un mundo perfecto* – punto que demuestra que la soledad no es un pecado es parte de la vida Divina, santa y perfecta que hace la necesidad de lo que Dios tiene para el hombre que lo hace feliz.

Debemos resaltar que cuando el hombre se siente solo entonces es que aprecia la necesidad de algo que se llama – compañera. En verdad el hombre está incompleto sin la mujer y Dios sabiendo esto dijo categóricamente, "no es bueno que el hombre esté solo", "haréle ayuda idónea". Estas fueron las poderosas palabras que trajo como resultado a la mujer en el mundo del ser humano.

¡Qué hermosa eres, amiga mía! (Cantares 1:15.)

En todo este proceso incompleto, soledad y necesidad de una compañía que hasta ese entonces era desconocido, la Divinidad ideó, formó y trajo a existencia al ser humano más interesante, revolucionario, trascendental, misterioso, grande e inspirador, como también retador, nuevo, una ciencia de las más grandes verdades escondidas y en muchas ocasiones razón de coraje, falta de comprensión, celos y odio.

Todos estamos de acuerdo que la mujer es una ciencia humana y Divina que forma un universo por sí misma. Ciencia que requiere aceptación de la realidad que aunque a veces incomprendido, la mujer asume la responsabilidad del sexto sentido a favor del hombre, extra sabiduría y belleza que completa al hombre en toda su vida. ¡Qué maravilla!

Con tan grande bendición de la mujer en la vida del hombre, se pregunta: **"¿Por qué no habrían las mujeres de cultivar el intelecto? ¿Por qué no habrían de responder al propósito de Dios para su vida? ¿Por qué no podrían ellas darse cuenta de sus propias facultades, conscientes de estos poderes que les son dados por Dios, luchar para hacer uso de ellos en la medida máxima para servir a los demás, para hacer progresar la obra de reforma, de verdad y de verdadero bien al mundo? Satanás sabe que las mujeres tienen un poder de influencia para el bien o para el mal; por lo tanto él trata de alistarlas en su causa."** - **(Good Health, Junio, 1880).**

Después de un pequeño sueño que tubo Adán, ¿qué habría sido el mundo sin ese momento importante en la vida del primer hombre? La mujer vino como regalo del cielo para completar, repito como regalo de Dios para completar la vida del hombre, la creación y así el Universo se extendió a una ciencia de nuevos descubrimientos que hasta hoy son tanto las alegrías y tristezas más grandes del hombre - la mujer.

"El Señor tiene un lugar para cada hombre y para cada mujer, sean jóvenes, adultos o ancianos. *Cuando los hombres y las mujeres encuentren su lugar, se hará una obra para el Señor que todavía no se ha hecho."* **(Alza Tus Ojos, 18 de Junio.)**

El principio número siete entonces nos enseña que sin la mujer nosotros no tendríamos un mundo completo, no hay esa felicidad que se experimenta al tener una madre, una hermana, una amiga, una novia y final pero tan importante como las primeras razones no habría, no existiría una esposa. Qué verdad y principio que no puede el hombre ignorar, pasar por alto y creer que ella vino por casualidad. Creer que viviríamos mejor si ella no existiera en nuestra vida, en los momentos más difíciles y felices de cualquier tipo de relación, creer eso sería una mentira. La verdad es que en los problemas y felicidades la mujer es la parte más bella de la ecuación que balancea, completa, revoluciona y cambia la vida de todo hombre.

Por lo tanto en mi humilde opinión el hombre no puede según el principio número siete - todo lo que Dios permite para nuestra perfección, vivir a su máximo y completamente con sentido Divino si la mujer no existiera en su experiencia. Así que en el proceso de la vida esta bella creatura es lo que permite el amor, el noviazgo que tanto nos ha llamado la atención, lo que hace que hombres comiencen un nuevo mundo por sí mismos, construyen nuevos universos y se aventuran a nuevas metas que trae si se ora, selecciona y escoge correctamente un noviazgo con futuro, ese posible matrimonio y esa base de felicidad que no puede Dios, oh los ángeles proveer como seres iguales a los humanos.

Escrito está: **""Y dijo Jehová Dios: No es bueno que el hombre esté solo, haréle ayuda idónea para él." (Gén. 2: 18.) El hombre no fue creado para que viviese en la soledad; había de tener una naturaleza sociable. Sin compañía, las bellas escenas y las encantadoras ocupaciones del Edén no hubiesen podido proporcionarle perfecta felicidad. Aun la comunión con los ángeles no hubiese podido satisfacer su deseo de simpatía y compañía. No existía nadie de la misma naturaleza y forma a quien amar y de quien ser amado."(Patriarcas y Profetas pg. 26.)**

En la mujer el hombre encuentra el toque Divino. Ella es la luz en la soledad del hombre. Su corazón es inspiración para todo hombre bajo el techo de Dios. Su amor es la fuente de grandes verdades como la de una madre, una hermana, novia y esposa que supera todo lo que humanamente puede hacer palpitar el corazón, despierta la conciencia al amor, y acciona la existencia del ser humano en busca de algo cada vez mejor en la compañía de alguien más.

Todo hombre que comprende la bendición de la mujer expresa en ese ser que permite el amor entre dos seres solteros, "Tus labios, como un hilo de grana, y tu habla hermosa." (Cantares 4:3.) Así que ella es la perfección de Dios en la tierra, ella es lo que completa la vida del hombre. Ella es el número siete en la historia del hombre, número que en la Biblia es perfecto y completo. Su amor, sabiduría y belleza hace la perfecta y completa imagen de Dios en la tierra en unión al hombre. El ser masculino debe preguntarse, ¿quién es ésta que se muestra como el alba, hermosa como la luna, esclarecida como el sol, imponente como ejércitos en orden? (Cantares 6:10.)

Así que: **"Comprenda la mujer el carácter sagrado de su obra y, con la fuerza de Dios y temiéndole, emprenda su misión en la vida." (Hogar Cristiano pg. 211.)**

33 - El Jardín – Principio 8

"Dios el Eterno había plantado un huerto en Edén, al oriente, y puso allí al hombre que había formado." (Génesis 2:8.)

Después de dicho todo lo anterior en los previos capítulos concluimos que aunque todo fue simbolizado bajo una construcción de una casa y sus habitantes lo comparamos con un bello jardín, ¿por qué? Porque toda esta construcción representa el trabajo, concentración y entrega que necesita, pero por ser algo abstracto y simbólico, requiriendo mayor y delicado cuidado debe representar, la relación de noviazgo en camino al casamiento comparado con un bello y delicado jardín. Esto nos señala que toda relación, especial aquella que busca una vida juntos requiere antes, durante y mucho más después de unir sus vidas en santo matrimonio un intenso cuidado.

Este principio ocho entonces nos dice que es imperativo practicar el siguiente consejo: **"Debemos cultivar el hábito de las palabras amables, las miradas placenteras y la cortesía desinteresada, porque ellas adornarán nuestros caracteres con un encanto que nos asegurará el respeto y aumentará nuestra utilidad diez veces más de lo que podría ser de otro modo en palabras y conducta. . ." (Alza Tus Ojos pg. 32.)**

Los jóvenes que entiendan este concepto cuidarán su vida, carácter e imagen como lo harían con un bello jardín. De igual manera Ellos entonces tendrán el pleno cuidado de la relación que han contraído ya sea en una relación familiar, amistad o noviazgo, y más aún en el matrimonio. No será una carga pesada el cuidar, enfocar sus energías a la mejoría de las relaciones no por emociones sino por el intelecto puesto en práctica. Su relación será desde el inicio un excelente jardín mostrando con su cuidado voluntario la belleza de tal bendición.

Indudablemente sépase que el verdadero noviazgo no es solo palabras bonitas, abrazos, detalles y besos. Esto es importante y será un resultado de tus principios y valores pero no es indispensable como lo es saber cuidar, proteger y sobre todo regarlo con toda la gracia Divina, cualidades como frutos del espíritu de Dios en un carácter que no solo llama la atención en público sino que es honrado por Dios en la vida privada de la pareja.

Esta pareja entendió que el buen comportamiento no era todo, así que decidieron cuidar su relación *con la oración*, pero no solo orar esporádicamente sino con propósito y sistemáticamente para pedir dirección Divina, sabiduría para crecer en su relación y de esta manera la semilla de su relación floreció.

Mientras leía el libro "Deja que Dios escriba tu historia de amor", me encantó cuando leí que la señorita Leslie esposa del autor del libro, al leer (Proverbios 31) sobre la mujer que teme a Dios, entendió que no debía cuidarse en tener una buenísima relación cuando existiera sino que aun antes de haber llegado a tener a su novio debía cuidarse para él. Esta es una manera en que el jardín puede nacer, ser mantenido, cuidado y regado. Cuidar y hacer que una relación produzca en verdad nace *en el poder de la decisión mucho antes de tener una relación*.

Ellos entendieron que una relación no daría fruto de crecimiento y amor estable por un milagro sino que era el trabajo de ambos. Para mejorar en su relación no solo se propusieron *leer su Biblia sino libros sobre el noviazgo, matrimonio y todo lo relacionado a una buena comunicación y comprensión* en todas las áreas de una relación.

Sabiendo que el noviazgo incumbe responsabilidades que tienen consecuencias eternas, tendremos un supremo cuidado. Al tener un noviazgo, *por decisión propia elegimos establecer nuestro jardín personal.* Un jardín bello y fructífero no es el resultado de la casualidad sino el resultado de un arduo trabajo de ambas partes involucradas. Puede y debe darse toda nuestra atención a tal relación en todos los ángulos requeridos si queremos ver bellos resultados, el gusto de tener un jardín, la gratitud de ser vistos por otros, el poder ser reconocidos por un noviazgo respetado, admirable y envidiable, tanto que otros quieran tener uno igual, será nuestra meta.

Este es el testimonio que como parejas deseamos que otros emitan. Lamentablemente esta joya de testimonio se ha perdido en la rutina que muchos hemos emprendido, dando como resultado relaciones descuidadas, mal producidas y sin frutos dignos. Resultados que están lejos del plan del cielo. Debemos regresar al modelo original – el Edén que requería de dos personas, bendecidas y a pesar de los problemas que surgieron por el pecado Adán y Eva lograron sacar adelante su relación.

Además quise dejar este punto como *el principio número ocho porque creo que nos provee la bendición* de demostrar que nos importa el éxito de nuestro noviazgo. Solo personas que buscan una relación seria, una esposa, esposo son los que aplican desde el inicio el principio número ocho pues requiere mucha atención, cuidado y consagración a algo más que pasión.

También debe saberse que el número ocho en la Biblia es el símbolo de un nuevo comienzo, ejemplos de ello está en:

- Antes del diluvio ocho personas lograron entrar al arca, la oportunidad de iniciar una nueva oportunidad para la humanidad. (1 Pedro 3:20.)
- Después del diluvio Dios comenzó el mundo con ocho personas. (Génesis 9:1.)
- Cuando un líder llamado Saúl le falló a Dios, Dios llamó a que ocupase el puesto al joven David – el hijo número ocho de los hijos de Isaí. (1 Samuel 16:10-13.)
- En el (Apocalipsis 1:12) tenemos siete candeleros símbolo de las iglesias que deben ser luz, más un candelero más en (Zacarías 4:2) juntos logramos el número ocho. Este último que a diferencia de los otros este candelero es todo de oro. (versión King james en inglés)
- Los hijos de los hebreos eran después de su nacimiento circuncidados en el día número ocho. Así es como eran no solo reconocidos sino que bendecidos por Dios en el octavo día. (Éxodo 22:29,30.)

La verdad de este principio número ocho en este libro es el mensaje que no importa dónde estábamos en nuestro vida, noviazgo y matrimonio, este principio nos permite ver que por más feo, descuidado o destruido que este nuestro jardín –

relación, si se quiere se puede remodelar estableciendo la gracia de Dios en nuestras vidas. El poder restaurador tiene la capacidad de comenzar una nueva vida, el amor de Dios puede renacernos y adoptarnos a un nuevo privilegio que nos abre el cielo para comenzar otra vez en nuestra relación.

Él se encontraba llorando porque la novia lo había dejado. Se recuperó, buscó los caminos de Dios. Dependió de la promesa que dicta, "pedid y se os dará". Más tarde mientras servía a Dios como misionero conoció la que llegó a ser su esposa. Hoy al recordar sus lamentos se avergüenza de su falta de fe en que Dios sabe proveer lo que el joven o señorita realmente necesitan. Cuando hablamos del pasado me emociona oírlo decir que "si tendría que volver a pasar la experiencia de perder una relación, cosa o evento en la vida no lamentaría porque he aprendido que siempre hay algo mejor y un nuevo comienzo".

Este principio número ocho nos invita *ya sea a renovar nuestra relación si no ha sido la mejor o nos provee el conocimiento que podemos iniciar la relación del noviazgo apreciando* las amonestaciones, evaluaciones y enseñanza que nos trae la palabra de Dios y todo otro libro bajo inspiración.

Hoy esta sencilla verdad – el principio número ocho nos presenta una nueva oportunidad de iniciar o hacer las cosas con responsabilidad que incumben el noviazgo con futuro. Hoy es nuestro privilegio de poder continuar con nuevo ímpetu o reiniciar la bendición del amor. Su pasado gobernaba. Fue violada. Acostumbró un novio aquí y otro allá. Pero un día cansada de su vida se rindió al deseo de esa posibilidad de cambio. Encontró a alguien que llenó su vida. Se complementaron el uno hacia el otro y ahora después de más de diez años ella refleja en su vida el poder de la posibilidad. Cuando uno se propone buscar un cambio se aprenderá que *"es posible"*.

El jardín está en nuestras manos. Todo puede destruirse, construirse, sembrar y cuidar o pisotear y hundirnos, los responsables siempre seremos nosotros.

Lamentablemente, **"Es la costumbre de muchos miembros de la familia, tanto padres como hijos, asumir una actitud más agradable cuando están en compañía de otras personas que** cuando se encuentran en su propio hogar. Este no es el plan trazado por Dios para padres e hijos." (Cada Día Con Dios) – (6 de Octubre.)

Sin embargo el consejo hoy es: *"Conserven algunas de sus sonrisas, cumplidos y actos de cortesía para el círculo del hogar. Deben tratar de ser tiernos, considerados y amables para manifestar cortesía cristiana en la casa. Hay que cultivar el espíritu lleno de gracia de la religión del hogar. . ."* (Cada Día Con Dios) – (6 de Octubre.)

Todo el que en verdad quiere avanzar y cuidar del jardín de su relación, esa construcción que **requiere todo el cuidado, entrega y por opción propia hacer de sus oraciones una realidad** que el cielo bendiga y dirija debe practicar lo que nos dicen los siguientes versículos, aunque tal vez existan muchos más, aquí solo trato de presentar aquellos que son universalmente aplicados a toda relación:

- El que *ama a su hermano* está en la luz, y no hay tropiezo en él. (1 Juan 2:10.)

- *Pero el fruto del Espíritu es*:... Contra estas virtudes, no hay ley. (Gálatas 5:22,23.)

1. **Amor,** el móvil de todo pensamiento, deseo y acción.
2. **Gozo,** el resultado de tener a Dios como base de toda alegría escogida por voluntad propia invertida en algo o alguien.
3. **Paz,** el resultado de ser lo que es verdad, pureza y humanidad, manifestada por nuestra propia voluntad.
4. **Paciencia,** un estilo de vida elegido por uno mismo en cada circunstancia de nuestra vida que sabe esperar.
5. **Benignidad,** cortesía que dice y hace, nace por el conocimiento que busca solo el bien de todos los demás, cuanto más el bien del novio, novia, esposa, esposo.
6. **Bondad,** cualidad que uno decide tener hacia la otra persona, es lo que demuestra nuestras intenciones más gratas por palabras, gestos y detalles.
7. **Fidelidad,** promueve todo el amor en acción demostrado en honestidad, verdad y sinceridad en todo.

8. **Mansedumbre,** característica que demuestra humildad, docilidad y sumisión en busca de la alegría de la otra persona que finalmente por ley de la vida regresa grandes frutos para uno mismo.

9. **Dominio Propio,** la capacidad que une la voluntad de uno y la de Dios para proveernos la sabiduría en cada una de nuestros pensamientos, deseos expresados y acciones que dé ante mano sabemos sus consecuencias. Esta gracia es el poder que en verdad nos eleva a solo manifestar hechos puros, rectos y sanos, evitando todo lo que destruye el amor. También nos da la capacidad de practicar por voluntad propia todo lo mencionado arriba y aplicar con gusto (1 Corintios 13.)

- *"Apartaos de toda apariencia de mal."* (1 Tesalonicenses. 5: 22,) (V.B.C.)

- "El necio da rienda suelta a toda su ira, *el sabio al fin la sosiega.*" (Proverbios 29:11.)

- "Por lo demás, hermanos, todo lo que es verdadero, todo lo honorable, todo lo justo, todo lo puro, todo lo amable, todo lo que es de buen nombre; si hay virtud alguna, si algo digno de alabanza, *en eso pensad.*" (Filipenses 4:8.)

- "Por eso, mis amados hermanos, todo hombre *sea pronto para escuchar, lento para hablar, lento para enojarse.*" (Santiago 1:19.)

"Cuántos problemas, sufrimientos e infelicidad se economizarían los seres humanos, si continuaran cultivando la consideración y la atención, si siguieran pronunciando las palabras amables y de aprecio, y si siguieran prodigándose esas insignificantes manifestaciones de cortesía que mantienen vivo el amor, y que creían eran necesarias para conquistar a su compañero o compañera." (Cada Día Con Dios,) (22 de Octubre.)

Si quieres destruir tu construcción – la relación no dejes de practicar los siguientes versículos:

- "La mujer sabia edifica *su casa, la necia con sus manos la derriba.*" (Proverbios 14:1.)

- *"Si alguno es llamado a testificar,* y peca por haber visto o haber oído algo, y *no lo hubiera denunciado, cargará su pecado.*" (Levíticos 5:1.)

- "O si sin darse cuenta *toca alguna inmundicia humana* que pueda contaminarlo, y si después llega a saberlo, *queda culpable.* (Levíticos 5:3.)

- "*O si alguien sin darse cuenta jura hacer mal o bien,* como se suele jurar, y después lo entiende, *queda culpable.* (Levíticos 5:4.)

- "Yo sé, y confío en el Señor Jesús, que en sí nada es impuro. *Pero si uno piensa que algo es impuro, para él es impuro."* (Romanos 14:14.)

- "*Es cierto que al necio, la ira lo mata, y la envidia consume al codicioso.* He visto que el necio echaba raíces, pero de repente, su habitación fue maldecida." (Job 5:2.)

- "El sepulcro y la perdición nunca se hartan, *ni la codicia del hombre se satisface jamás.*" (Proverbios 27:20.)

- "El hombre iracundo *promueve contiendas*". (Proverbios 15:18.)

- "Anillo de oro en nariz de puerco *es la mujer hermosa sin discreción.*" (Proverbios 11:22.)

- El Espíritu dice claramente que en el último tiempo algunos **se apartarán de la fe,** escuchando a espíritus engañadores y a doctrinas de demonios. *Con hipocresía hablarán mentira, teniendo cauterizada la conciencia.* (1 Timoteo 4:1,2.)

- "Por eso, Dios los entregó a la inmundicia, *debido a la concupiscencia de sus corazones,* de modo que

deshonraron sus propios cuerpos entre sí mismos."
(Romanos 1:24.)

- *"**Porque los que viven según la carne, piensan en los deseos de la carne.** Pero los que viven según el Espíritu, piensan en los deseos del Espíritu." (Romanos 8:5.)*

Manifiestas son las obras de la carne, que son:

- **Adulterio,** es manifestado de muchas maneras no solo en una pareja casada, puede ser tener otras amistades que abusan de nuestra persona, o nosotros abusamos de otros emocionalmente, todo lo que no es parte de una relación y se comparte con otros es adulterio de relación.
- **Fornicación,** existe cuando se engaña uno mismo con placeres que puede venir de imágenes ajenas, pensamientos o actos que involucran a otros al no estar casados.
- **Inmundicia,** es todo lo malo, tanto con los ojos, pensamientos, deseos.
- **Lascivia,** todo lo relacionado al sexo inapropiado, pensamientos impuros, deseos fuera de lugar o tiempo.
- **idolatría,** saca a Dios de la relación, no se ora, no se estudia la Biblia, hace de algo o persona su ídolo, etc.
- **Hechicerías,** todo tipo de estrategias para conquistar a alguien solo para sacar el provecho buscado y no de una pareja con intenciones serias.
- **Enemistades,** ellos hacen todo sin pensar, sin sentido y no les importa sus palabras y gestos que crean problemas.
- **Pleitos,** es el pan de todos los días, piensan que el otro tiene la culpa y él o ella es la víctima. No hacen nada por cambiar, el otro debe mejorar.
- **Celos,** todo lo que el otro hace es razón de celar, no hay confianza, en verdad no hay amor.
- **Explosiones de ira,** todo error y falta es buena razón para enojarse.
- **Contiendas,** les encanta discutir, faltarse el respeto, no hay comunicación.
- **Divisiones,** son parciales, escuchan a otros antes de tratar de escuchar a su pareja.

- **Sectarismos,** son desbalanceados, son fanáticos cuando deberían ser cuerdos y balanceados.
- **Envidias,** no hay entendimiento, se envidian, siempre están en rivalidades.
- **Homicidios,** no se matan literalmente pero les encanta usar palabras agresivas, actos que lastiman las emociones y matan el verdadero amor, se engañan pensando que todo está bien diciendo, 'así es la vida'.
- **Borracheras,** consecuencia de usar cualquier droga para calmar sus nervios, otros usan drogas que quebranta sus facultades y así se vuelven borrachos y otros vicios en la misma línea.
- **Orgías y cosas semejantes.** Personas tales pierden el rumbo de lo santo, recto y se desvían a lo malo, impuro y la locura los controla.

Que belleza de noviazgo. Los dos cristianos. El muchacho emocionado le propuso matrimonio, ella no quiso. El insistió y finalmente se casaron. El no conocer en verdad lo que estaba haciendo, lo que habían sembrado, no quedo otra cosa que cosechar lo inesperado. El día de la boda el joven descubrió lo que rompió su corazón, su vida se destrozó y emocionalmente quedó paralitico. En su luna de miel ella no quiso tener relaciones con él y él no podía entender por qué su nueva esposa no deseaba tal cosa. Por días trató de ser paciente y esperar hasta que ella no pudo más y le confesó que ella era lesbiana. No conocer nuestro jardín – relación, personal nos someterá a grandes dolores y lágrimas que no podremos evitar.

El apóstol nos dijo: "Os advierto, como ya os previne, que los que practican tales cosas no heredarán el reino de Dios." (Gálatas 5:21.) Y de seguro nunca sabrán lo que es un noviazgo, un matrimonio y hogar bendecido por el cielo.

El matrimonio en si es el jardín que se comienza en el noviazgo, es el campo donde demostramos que entendemos y queremos algo eterno, algo que lleve la bendición de Dios. Todo esto es el resultado de nuestra propia elección, es la decisión de amar para poder ser amados, es el camino que nos lleva a lugares extraordinarios en la relación, pero no ignorantes de lo que buscamos y hacemos. La intención santificada en este sendero nos dará la gracia, sabiduría e inteligencia para decidir que el noviazgo es un don del cielo que uno decide comenzar, cuidar y llevarlo al triunfo.

"Conocí, traté y luché por el amor de mi vida, ella me aceptó no porque era perfecto y santo, por lo contrario me aceptó porque yo era yo, débil, honesto con mi personalidad y sensible a la tentación pero que en el interior amaba a Dios y que no le costaba reconocer sus errores, aprender y desaprender si era necesario. Tenemos 32 años de casados, cinco hijos y hoy más que nunca nos amamos. Hubieron problemas, claro que sí, defectos de carácter que cambiar, por supuesto, obstáculos que superar, jamás dejan de existir, pero Dios en nuestra vida y el esfuerzo voluntario de nuestra parte ha mantenido nuestro amor vivo."

Esta pareja se amaban y sin embargo el muchacho no era cristiano, se habló con la muchacha, se le hizo ver con la Biblia que Dios no aprobaba esa relación. Aceptó terminar la relación. Lo dejó en las manos de Dios y en su corazón hizo un trato con Dios. Dos años más tarde por voluntad propia el joven se encontró con el Señor, aceptó a Cristo como su Salvador. Entendió y llegó a practicar la fe. Ella creyó en las promesas de Dios y su día llegó cuando fue recompensada por paciencia bajo la voluntad de Dios. Renació la relación y así la verdadera oportunidad de cosechar la bendición del cielo. Se casaron bajo la bendición de la obediencia y fe de que si se puede ser feliz si se sabe esperar.

La Providencia jamás se equivoca en darnos la dirección del cielo por medio de su Palabra, Dios sabe darnos lo que deseamos si sabemos depender y esperar en Él. He visto donde muchos están hoy y sé que no es fácil pero si posible cuando se teme a Dios. Mientras vives esperando esa otra persona que te bendecirá con su amor o si ya tienes esa otra persona entonces sigue *que el altar espera* a todos lo que saben confiar en El Amor del Cielo. Bendiciones Tu amigo Miguel Martin.

Sobre El Autor

El autor es un orador internacional sobre temas religiosos, liderazgo, salud y motivación por los últimos 20 años y autor de varios libros como: La Verdad Profética, Como Joven Cristiano Caí Pero Me Levante, El Código De Toda Posibilidad, El Líder Gladiador, El Noviazgo Cristiano, El Poder De La Disciplina, El Poder De Pedir.

Conozca más sobre Miguel Martin y reciba más información y entrenamiento gratuito en su página web **www.miguelmartin.info y www.laverdadprofetica.com**

Correo postal escriba a:
Miguel Martin
13722 Vida Ln.
Dallas Texas, 75253